# 우야 꼬

시와실천 시선

# 우야꼬
시와실천 시선 064

---

초판 1쇄 발행 | 2022년 1월 7일

지 은 이 | 장대규
펴 낸 곳 | 도서출판 시와실천
펴 낸 이 | 장한라
디자인실장 | 한화금
표지디자인 | 창연재
등록번호 | 제2018-000042호
등록일자 | 2018년 11월 27일
편 집 실 | 서울특별시 중구 충무로 7-1
제주전화 | 064) 752-8727
전자우편 | jhla22@daum.net

ⓒ장대규, 2022, printed in Seoul, Korea

ISBN 979-11-90137-64-5 (03810)

값 10,000원

\* 이 책은 전부 또는 일부 내용을 재사용하려면 저작권자와
  도서출판 시와실천의 동의를 받아야 합니다.
\* 이 도서의 국립중앙도서관 출판도서목록은 서지정보유통지원시스템 홈페이지
  (http://seoji.nl.go.kr)와 국가자료공동목록시스템 (http://www.nl.go.kr/
  kolisnet)에서 이용하실 수 있습니다.

# 우 야 꼬

장대규 시집

■ 여는 시

옹이도 멋이 되고
백골도 찬란하다

살아서 박힌 옹이
땅에 묻고 석힌 뿌리

죽어서
이름이 될 줄
나무는 알았을까

　　　　　　- 「괴목」 전문

　　　　　2021 만추의 농막에서
　　　　　　　　　　장대규

■ 차 례

## 1부
### 밟히며 아린 설움 가슴에 묻고

개망초 – 13
괴목 – 14
낙엽의 대화 – 15
능소화 – 16
메꽃 – 17
별 – 18
병산서원 가는 길 – 19
봄 – 20
부레옥잠 – 21
산과 살면 – 22
산딸기 맛 – 23
상사화 – 24
상사화 2 – 25
상추 – 27
석남사 소나무 – 28
선운사 동백꽃 – 30
소나무의 죽음 – 31
수선화 – 32
숯 – 33
와송 – 34
홍매화 – 35

## 2부
## 빗방울 하나둘 자모음으로

같잖아서 – 39
누이야 – 40
다연이 다훈이 해온이 – 42
딸 – 43
쌈 – 44
아내 – 45
아내 2 – 46
아내를 보고 있음 – 47
엄마의 신발 – 48
오천띠기 울 엄마 – 49
잔소리 – 51
천리향 – 52
파꽃 – 54
평화 – 55
함박꽃 – 56
흰쌀밥과 고추장 – 57

## 3부
## 한 생을 펼치면 한순간인 걸

거짓말 – 61
그까짓 거 – 62
그래, 그리움이란 – 63
그리움 – 64
글 벗 – 65
나무 의자 – 66
노래도 밤에는 울음이 된다 – 67
마음에 품은 이는 언제나 봄입니다 – 68
매미 – 69
물새도 짝이 있네 – 70
미련 – 71
바람 피기 좋은 날 – 72
밤꽃 향에 취하다 – 74
비 오는 날의 나타샤 – 76
생각 – 77
옹이가 된 이름 – 78
유성이 된 이름 – 79
장마 – 81
저녁 시간 – 82

**4부**

**이 깊은 산속에선 내가 섬이다**

눈 위에 쓰는 편지 – 87
더위를 처먹은 놈 – 88
목구멍이 포도청 – 89
미친 아이들의 밤 – 90
배나무를 심다 – 92
볕 좋은 날 – 93
보현산에 올라 – 95
비 오는 밤 – 96
산중에서 사는 맛 – 97
산중에 산다는 건 – 99
세상에서 가장 너른 강 – 101
섬 – 103
섬 2 – 104
섬 3 – 105
섬 4 – 106
소록도 망향가 – 107
운문사 노스님 – 108
저녁 무렵 – 110
적적(寂寂) – 112
턱을 넘으면서 – 113
허접 – 114

5부
## 백석의 그녀는 어디로 갔을까

가을은 – 119
그놈 – 120
대나무를 태우다 – 121
똥견(便犬) – 123
똥견 2 – 124
모지리 – 125
무욕 – 126
무제 – 127
비 오는 날의 시 – 128
시인아 – 129
어느 봄날 오후쯤에 – 131
연(連) – 133
우야꼬 – 136
유유자적 – 137
일흔 혹은 여든 즈음 – 138
자학 – 139
차분한 일상 – 140
처서에 내리는 비 – 142
허허 – 143

■□ 해설 | 소박한 사물과 그리움으로 지은 『詩가 있는 농막(農幕)』
_김필영(시인, 문학평론가)

# 1부

밟히며 아린 설움 가슴에 묻고

# 개망초

바랄 망(望)과 망할 망(亡)
들판에 허다한 풀

달빛 아랜 꽃으로
햇빛 아랜 잡초로

나름에 아랑곳 않고
달라지는
값어치

# 괴목

옹이도 멋이 되고
백골도 찬란하다

살아서 박힌 옹이
땅에 묻고 썩힌 뿌리

죽어서
이름이 될 줄
나무는 알았을까

# 낙엽의 대화

우리 다음엔 꽃으로서 만나자.
일개미 일벌처럼 일만 하다가
떨어져 밟히는 운명
우리에게 다음이 있을지 모르지만
화병에 꽂히어 안방 차지 못 해도
찻물에 향기로 스미지는 못해도
들녘에 허다한 잡초꽃이라도 꽃이 되어
바람 따라 살다가
시들 때 시들어도
밟히며 아린 설움 가슴에 묻고
꽃으로
꽃으로 웃으면서
만나자.

## 능소화

여럿 밤을 홀로 새니
저가 제 아닙니다.

문지방 높낮이도 잊은 지 오래이라

춤 아닌 몸부림으로
긁어내는
속울음

## 메꽃

예순에도 소녀 가슴, 당신을 보면
흰빛 품은 연분홍
메꽃이 떠오른다.

화려하지 못하고 풀에 가리고
오다가다 아슴아슴
눈에 뜨이어
어쩌면 달맞이로 또는 이슬로
해를 보면 시드는
가냘픔으로
가슴으로 바람(望)은 시를 쓰는 거,
자작 시 한 편 벽에다 걸고
혼자 보며 방긋이
웃는 거라는

그렇지, 당신은 꿈꾸는 소녀
이슬 내린 풀숲에
한 송이
메꽃.

# 별

너를 알고부터 나는
무덤 하나를
준비
했다

별거 없는 속을 다 털어놓고도
내가 네 맘으로 들어가지 못하면
나는
별을 안고
내가 판 무덤으로
들어가려
했다

별이 없는 밤은 외로움으로
별이 많은 밤은 그리움으로

별은
너와 나의 무엇이라고
나는 오늘 밤도
별을
우러른다.

# 병산서원 가는 길

병산서원 가는 길은
꾸밈없는
선비의 길,
돌멩이 나뒹굴고 빗물에 헐고 패인 산자락
굽이굽이 한지에 먹 번지듯 감아 돌고
이어지며 고라니 멧비둘기도
천자문 명심보감 공자 맹자
외는 길
물은 유유하고 사장은 정갈하고
산바람 강바람에 삼베옷 한 벌이면
달빛 품은 배롱나무
백일 붉은
꽃이 핀다.

\* 병산서원(屛山書院) - 경상북도 안동시 풍천면 소재.
  조선 후기 서애 유성룡을 추모하기 위해 창건한 서원.

# 봄

벽두의 산간 오지
대문 없는 나 홀로 집
헛간 같은 아래채 벽에 금식 중인 우편함
길어진 동안거에 혹시나
행여 하고 살며시 손 넣어보니
아차, 이런
어느새
벚꽃잎 한 움큼
시침 뚝
드시었네,

## 부레옥잠

두둥실
이곳은 어딥니까
두둥실
허공에
하염없이
물결 따라 떠돌다가
두둥실
지는 석양에
허허탄식
연보라.

## 산과 살면

고사리를 꺾은 날은
손에서
고사리 냄새가 난다

산초 잎을 딴 날은
산초 냄새가 나고

더덕을 캔 날은
더덕 향이 밴다

손도 코도 입도
보탬 없이
솔직하다.

## 산딸기 맛

이슬에 씻긴 빨간 알 알알이
달빛 별빛 스미어
절로 눈이 감기고 절로 침이 고이는
새콤달콤 그 맛을
사랑 맛이라고

밤에 우는 새는 임 그리워 운다고
밤에 피는 꽃은 임이 보라 핀다고
새도 꽃도 임 그리며
흘린 눈물이
아침 해에 반짝이면 이슬이라고
이슬에 씻긴 건 눈물에 씻긴 것
그래서 산딸기는
사랑 맛을 낸다고,

맛 중에서 제일인
사랑 맛을 낸다고,

## 상사화

아침에 눈을 뜨니 사람 그리워
털고 일어나 화단 둘러보다가

상사화 꽃대가 올라오네요

밝으란 꽃잎 품어 감추고
수줍은 듯 갸웃 얼굴 돌리고

진정 어떤 이가 그리운가요

나 문득, 당신이
떠오르네요.

# 상사화 2

낡은 공책 한 장을 찢어서
낡은 언어들로 편지를 써요,
펜이나 만년필이 있었으면 좋겠는데
쓰기 편한 볼펜으로 떨리는 손에 힘을 들여요

지렁이가 기어가고 거미가 줄을 치고
현대의 기술로 만들어진 기기 속의 글씨보다
고전적이고 로맨틱하고
시대를 비킨 오직 나만의 서체가
꿈틀꿈틀해요

친애하는 나의 사유여,
내가 당신을 사랑하려 합니다.
무수한 별 중에 하나를 골라
당신의 이름을 붙이려고 합니다.
비가 오거나 눈이 내리거나
잠 못 드는 밤이면
당신의 창문을 두드리려 합니다,
괜찮을까요?

물음표 다음에는 느낌표를 쓸 겁니다.
그리고는 쉼표를 쓰겠지요
마침표는 없습니다.

빨강 우체통,
챙 달린 둥근 모자를 쓰고
자전거를 타고 짙은 군청색 정복을 입은
우체부 아저씨가
싱긋 웃습니다.

감사합니다.

# 상추

잠시 스친 비에
상추 잎이 보드랍다.

파란 잎 빨간 잎
줌이 벌게 따와서는

밥솥에 앉힌 쌀이
밥 되도록 기다리며

가만히 돌아보는
측은한 마음 구석

마당 한켠 조그맣게
버린 듯이 씨앗 넣고

밥 타령 물 타령도
돌아보지 않았는데

부실한 치아에도
아삭이는 맛이야,

## 석남사 소나무

석남사 소나무는
나무마다 상처 있다

껍질을 벗겨 내고
피를 빤 흔적으로

살아도 사는 게 아닌
그런 시절 있었단다.


울어도 소용없던
그때 그 시절에는

내 몸도 내 몸 아닌
비틀리는 고통으로

차라리 이승보다는
그리웠을 저 세상.

보는 이가 숙연하다
해탈이 저러할까

제 상처 잊고 서서
아픈 이 다독이며

여기가 극락이라고
가지마다 푸른 잎.




\* 석남사 : 울산 울주군 상북면 덕현리
　　　　가지산 자락의 비구니 도량.

## 선운사 동백꽃

피기 전 합장하던
다소곳은 이미 없다

발그레 홑저고리 야살스런 속살하며

스님도 절을 버리고
바랑 고쳐 메겠다.


동백(凍柏)이 춘백(春柏)으로
여기는 북방 한계

먼 남쪽 어느 돌섬 향수에 사무치어

춘풍에 풍경이 울면
아련아련
따라 운다.

## 소나무의 죽음

쓰러진 소나무 한 그루,
백 년을 훨씬 넘어 산 거 같은데
이 탓 저 탓하지 않고 처연히
산비알 베고 누웠다.
천둥 번개 눈 비바람에 원하는 가지를 하나씩 내어주고
옹이가 된 상처를 제 살로 덮으면서
견디었을 균형이 순간 힘에 어그러져
뿌리는 드러내도
나이는 감춘 자존심,
이유와 변명은 껍질 안에 숨기고
태연히 깨끗하게 맞는 죽음은
갖은 풍상 겪어본
나잇값일까,
시(詩)가 되어 누웠다.

## 수선화

너 거기 있음을 내가 알기에
나의 기다림은 한결같았고
너 돌아와 웃는 모습에
나도 따라서 함께 웃지만
너 가는 때를 내가 알기에
내 가슴은 아리어
속으로 운다.

# 숯

한 시절의 푸르름은
연기로 사라지고

불꽃 없는 은근함은
예순 지나 일흔의 쯤

흉허물 다 내려놓고
묵상 든 듯
숙연함.

## 와송

뼈가 없다 그래도 살이 있고
심장이 없어도 피가 흐른다.
해와 달과 별을 사랑하고
비와 바람이 두려워도
풀 같은 생각으로
꽃만큼 아름다운 모습을 가졌지만
뿌리는 바위에 있고
이슬을 먹는다.
팔이 뜯기고 허리가 잘리어도
내 안에 내가 보듬어 아물게 하고
어쩌랴, 이래저래
내 삶을 산다.

# 홍매화

홍매,
늙은 등걸에
성급한
두어
송이

시샘의 찬바람에 꽃송이 일그러져

피려다
눈물로 고여
꽃물이 든
방울
눈물

# 2부

빗방울 하나둘 자모음으로

## 같잖아서


혼자 돌아앉아 게임에 열중인
외손자 다훈이,
유치원생

"다훈아, 여기 있던 포도, 누가 먹었어?"
"내가"
"내 건데 왜 네가 먹었어?"
"맛있으니까"

왜 거기 뒀냐는 듯 힐끗 돌아보는
익은 포도 알맹이 같은
조 까만 눈

그래, 맛있으니까,
저 눈이 닿지 않는 곳에
감추어 둘걸
허
참

# 누이야

우리,
단 한 번도
서로의 진지함을 나눈 적 없네,
혼자 사는 나에게 무엇이 필요한지
일 많은 너에겐 어떤 손이 필요한지,
일 얘기 먹는 얘기 그게 전부는 아닐 터에
너는 일로서 하루를 살고
나는 외로움으로 하룰 보낸다

삶에서 행복이란 도대체 뭘까,
철 따라 꽃 다르고 새소리도 다른 곳에
무얼 더 추가할까 여기겠지만
홀로 삶이 돌아보는 나로서는
모두가 외로움 그리움 부러움으로,
화단에 꽃을 심고 가꿔 놓아도
함께할 사람 없어 외로움이고,
텃밭 일구어 채소 길러도
먹고 나눌 사람 없어
떠나간 사람도 그리워 지대,

남이 다 잠든 깊은 밤에
혼자서 마을을 어슬렁거리며
시가 못 된 잡글로 응어리는 심정을
누가 알겠나.

내가 너를 보며 부러워하는 것은
돈도 땅도 다 아니고
부부로 함께 사는 네 모습이다.

때로는 다투고 때론 웃는 거
그게 다 사람이라 그런 것으로
서로의 의견이 좀 다르더라도
굳이 그 순간에 우기지 말고
한발만 물러서서
시간에 맡겨 두거라

건실한 서방 곁에 있는 네 모습
내가 가장 동경하는
부러움이다.

## 다연이 다훈이 해온이

녀석들
짜식들,
엄마를 닮고 아빠를 닮고
얼핏 설핏 내 모습도 섞여 있어서
미움 없는 모습으로
물인 듯 바람인 듯
밀물로 썰물로
내 가슴 깊은 곳에
절절한
파도.

# 딸

늦은 밤에
전화가 왔다.

- 아빠, 뭐해?
- 늦게 왜?
- 흐흐, 그냥
- 짜식
- 잘 자

짧은 통화,
그래, 나는 안다

말은 하지 않아도
따슨
네
마음.

# 쌈

당신이 준 멸치로 된장 끓이고
동생이 담아 준 콩잎김치와
내가 따다 찐 호박잎으로
쌈을 싼다.

음식은 목을 지나 위에 쌓이고
맛과 향은 얼큰 새콤으로 입에 쌓이고
가슴에는 뭉클뭉클 정이 쌓인다.

어쩌면 까짓 거라고 할 수도 있겠지만
이런 정 가진 이 몇이나 될까,

혼밥의 쓸쓸함도 외로움도
사랑과 정의 쌈에 녹는다.

# 아내

젊은 시절은 꽃이었다가
어느덧 세월에
시가 되었다

내가 쓴 시 중에
가장 좋은
시

시답잖은 내 글이
당신에겐
시(詩)가 되고

빗방울 하나둘 자모음으로
내 눈엔 눈물방울
떨어진다.

# 아내 2

농염한 화려함도
괴발개발 시시한 때

묵은지 맛을 알지
푹푹 곰삭힌 맛

군내도
향기로울 때
입에 찰싹 달라붙지,


아마도 이 나이면
가는 날이 아쉬웁고

감나무 가지 끝에
홍시 하나 눈물인 때

묵은지
그 맛을 쫓아
이름 하나 불러본다.

# 아내를 보고 있음

두리뭉실 엉덩이에 나지막한 키
풍요로운 가슴에
동그란 얼굴,

조그만 손으로 움켜잡은 건
아들 딸 손자 손녀
다복의 명줄

아들딸 기른 배는 지긋이 눌러주고
허벅지 안 흉터는 나만 아는 유일함
가슴에 꼭꼭 숨겨
저승까지 가져갈게

손등에 돋은 핏줄 감추려지마,
울컥 치오르는 숨을 고르려
꿀꺽 침 한 모금
몰래 삼킨다.

## 엄마의 신발

우리 엄마 신발은
하얀 코고무신

신고 나면 씻고 닦아 시렁에 올려 뒀다
집안의 대소사나 친정 갈 때 신으시던
언제나 하얀색
코고무신

여든다섯 힘들었던 삶을 접으며
조용한 하늘나라 쉬러 간다고
좋아서 서두르다
맨발로 가시었나

한 켤레 나란히
하얀 코 반질반질
아끼시던 고무신을 두고 가셨네

내가 잠든 머리맡에
두고 가셨네.

# 오천띠기 울 엄마


엄마,
오늘 우연찮게 엄마 생각이나
첫 시집에 엄마 모습 읽어 보았는데
괜히 읽은 듯 자꾸 눈물이 나,

오십여 년 전에 아부지하고 나하고
갓굼에서 캐가 지게로 지고 와서 심은
정자 터 앞 함박꽃나무,
엄마가 좋아해서 엄마 닮은 꽃들이
연지 곤지 화장인 듯 한창으로 피었는데
꽃 닮은 울 엄마는
어데 가고 안 보이노,
구일띠기 남산띠기 신광띠기 한테
오천띠기 못 봤어요
물어보았다

엄마, 오늘은
이실이네 복숭아밭 씨고르기 하였는데
점심에 이실이가 매운탕 사주더라

지 서방 이 서방과 맛나게 먹고
돌아올 땐 추가 시켜 포장까지 해 주어서
저녁에 혼자서 데워 먹는데
매워서 눈물인지
뜨거워서 눈물인지
자꾸 눈물 나대

엄마가 맺은 연에
매일 나날이 우리는 즐거운데
구만리 길 걸어서 마실 갔다 온다더니
십 년도 지나는데
엄마, 왜 안 오는데

엄마 많이 생각이 나
엄마 많이 보고 싶어

오천띠기
울 엄마,

# 잔소리

아내가 담아두고 해를 묵힌 된장으로
늦은 저녁 찬, 된장찌개 끓이는데
냄비가 뽀글뽀글
잔소리한다.
손발은 씻었나, 청소는 언제 했어
수건은 쉬고 절어 홀아비 냄새,
조잘조잘 빠글빠글
마음에 담아두고 잊지 말라고
뚜껑까지 들썩들썩,
가물가물 돌이켜 마냥 그리운
들어도 싫지 않는
잔소리
한다.

# 천리향

별도 지나치고
달도 무심히 지나치고 마는데
바람은 어찌 알아 향기를 품고 간다.

어디까지 가려나
이름만큼 가려나,

직장 따라 서방 따라
물도 건넌 먼 곳으로 거처 옮긴 큰딸이
이사할 때 두고 간
천리향 한 포기

물주고 쓰다듬던 옛정을 못 삭이고
참고 누른 그리움의
울음을 터트렸다

이름으로 친다면
너 있는 그곳까지 꽃향기 닿을 테지

너인 듯 반가움에 내 눈이 흐려지고
꽃으로 다시 보니
네가 활짝 웃고 있다.

# 파꽃

 흰머리 뽀글뽀글
밭고랑에 어머니,
파처럼 속 비워도 놓지 못한 염려를
호미 끝에 힘을 주어 고랑이랑 심어 놓고
섶 말린 삼베 적삼 소매로 땀 훔치는
노안의 흐린 눈에
옹기종기 그래그래
무리 이룬
양떼구름.

# 평화

아내의 음식에는
엄지 척 세워 뵈고

딸램들 쫑알댐엔
눈을 찡긋 해 보인다.

생과 사 옳고 그름
둘러앉은 밥상머리

큰소리는 아내의 것
맛 가림은 딸램들 것

나는 귀를 닫고
삽질에만 전념한다.

# 함박꽃

엄마, 엄마
나는 와 누부야가 없노?

이승에 태어나 이름도 못 가지고
삼신할미 명 따라 칠 안에 간
누부야

흔치 않던 미역국과 이밥을 끼마다 올렸어도
삼신할미 등 돌리면 어쩔 수 없었던 걸
그래도 내 탓이다, 눈 붉히던
울 엄마

칠 안에 떠났으니 얼굴인들 온전하고 정인들 알까마는
엄마를 닮았으면 함박꽃 같았겠지

하늘에 가까운 우듬지에 별 같은 한 송이

해마다 피는 꽃이 가끔은 생소하게
홀로 보는 내 눈에 두 얼굴이 포개어져

누부야는 좋겠다
엄마 만나 좋겠다.

# 흰쌀밥과 고추장

혼밥에 천년 지기 흰쌀밥과 고추장,
김치 조금 썰어 넣고 입 다시며 비비는데
저승 가신 울 엄마가 울컥
떠오른다.

웬만하면 다 겪었던 보릿고개 시절
쌀도 고추도 귀하던 때
네가 좋아하니, 네가 잘 먹으니
대접에 흰밥 푸고 종지에 고추장 뜨고
마른 멸치 곁들여
차려 주던 밥상,
고마움도 당연함으로 쓱쓱 비비면
찬장에 감춰둔 참기름병 가져와
몇 방울 뚝뚝 떨궈 주던
어머니

수 삼 년도 그제인 듯 아롱아롱
참기름치럼 뚝뚝
혼밥에 떨어진다.

* 혼밥 : 혼자 먹는 밥

# 3부

한 생을 펼치면 한순간인 걸

# 거짓말

세상에 거짓말도 참 많지만
'잊으라니 잊겠다'
그만한 거짓말도 없는 듯하다

잊으라니 잊겠다 로 단호하지만
한 톨의 거짓도 없이
마냥 백지처럼
잊혀지던가

떠나면서 남긴 말이 송곳 같아도
불쑥불쑥 불식간에 떠오름이
사람이라 어쩔 수 없는 것인 듯

미움도 사랑이란 억지처럼
'잊으라니 잊겠다'는
거짓말이다.

# 그까짓 거

먼 데 산을 보면 가슴이 확 트이고
가까이 꽃을 보니 마음이 맑아진다.

귀는 살짝 열어 옆 개울의 물소리

내리던 비도 잠시 주춤하고
쉬는 때

산가(山家)의 툇마루에 솔바람 찾아들어

부러움
다 그까짓 거
시(詩)도 다 그까짓 거.

## 그래, 그리움이란

코로나19 2차 접종,
신뢰성 잃은 약을 혈관에 밀어 넣고
집으로 가는 길,
너와 왔던 카페에 들려
네가 앉았던 자리에 앉아
네가 마셨던 커피를 따라 마신다.
여름의 끄트머리
비가 내리고
네가 좋아라 하던 꽃에
네가 보았던 나비가 젖은 날개로 앉아 있다.
그때에는 없었던 안개가 산을 가리고
그때에는 있었던 너는 없고
나는 여기서 한 단어를 해석한다.
흔히 쓰면서도 어려웠던
그래, 그리움은
설명도 이해도 필요치 않은 나만의 눈으로
천천히 그때를 돌아보는 거,
산안개 더욱 짙어지면서
쓴맛 커피에도
비가 내린다.

## 그리움

눈웃음
사진 한 장
수시로 보고 있소
때로는
욱한 맘에 더 안 볼 듯
덮지만
그보다
더 많은 때를
빙긋이
눈 맞추오.

# 글 벗

눈비에 길 끊기는 첩첩의 산중,
조그만 집 방 한 칸에
헌책 새 책 널어놓고
알 두꺼워진 안경을 낀 촌노로,
사방에 산이 둘러 뼘에 겨운 하늘에
홍매 늙은 나무 주인보다 주인 같고
바람이 제 맘대로 문 여닫는 추야에
달빛 별빛 담은 이슬 마음에 내릴 적엔
국화꽃도 안중에서 밀려나지만,
아침 까치 소리엔 종일 눈 떨리고
손때 절인 시집의 접어둔 장을
펴고 접고 또 펴면서
지나가는 바람에도
귀를 연다네.

# 나무 의자

나무 의자를 만든다.
서투른 톱질 서투른 망치질
손가락을 찧으며
삐뚤게 박힌 못을 뽑아서 곧게 박고
딴에는 솜씨 부려 만든 의자는 삐걱삐걱
서투른 솜씨의 울음소리 내지만
적당한 볕이 적당한 그늘을 만드는
죽담에 의자를 놓고
당신을 앉혔다.
꽃들이 자지러질 듯 핀 화단
꽃을 보는 당신의 미소가
입꼬리 끌어 올리고, 주름살이 하나둘
톡톡 소리 내며 지워지는
곁에 나란히 나도 앉아
손을 잡는다.

울던 의자의 소리가 멎고
아! 접시꽃
또 하나의 몽우리
맺는다.

## 노래도 밤에는 울음이 된다

소쩍새와 부엉이
이름만으로도 슬픈데
보릿고개 꽃 피는 때 솥이 적다고
언 삼동(三冬) 긴 밤에 홀로 밤새우는
노래도 울음이 될 하필이면 밤이라
그들은 사랑가도
듣는 나는 울음이다.

# 마음에 품은 이는 언제나 봄입니다

마음에 품은 이는
언제나
봄입니다.

바람이 불까요
비가 올까요
새가 울까요
꽃이 필까요

아쉬움이 많아서 마음에 품고
안녕이란 말에 숨긴
지우지 못하는 기억이
때로 떠오르는
그리움으로

마음에 품은 이는
언제나
봄입니다.

# 매미

매미가 운다.
풀도 늘어지는 여름 한낮 더위 피해
오수에 드는 귀를 잡고

나는 노래인데
나는 노래인데

나름으로 긴 세월
어두운 토굴에서 갈고 닦은 득음을
남들은 아우성
울음이라고

나는 노래인데
나는 노래인데

매미기
운다.

## 물새도 짝이 있네

장마 덕에
모처럼 바다를 다녀왔어요.

사람의 미련을 털어버리려고
7인승 산타페 여섯 개의 자리는 텅 비우고
운전석에만 사람 비슷한 견자가 앉아
비와 동행으로
호랑이 꼬리라는 곳에서
비와 해풍에 멈췄습니다.

잡다한 생각 잡다한 기억
버리기에 좋다는 생각에 왔는데
물새들도 짝을 지어 날고 있으니

사람 같잖은 견자의 반쪽 가슴에
버리려던 이름을 도로 끌어안으며
한 생을 펼치면 한순간인 걸
그것도 연이라고 버리지 못하는
매몰치 못한 맘을 나무랐어요

매몰치 못한 맘도
죄가 되나요?

# 미련

외로움 그리움
그거 다 마음이다.

눈물 후회 되돌아봄
그거 다 부질이고

미련은
지독한 미움
마셔버릴
독이다.

## 바람 피기 좋은 날

뭐해?
해는 있고 바람은 없어 겨울답지 않은 날씨
거기에다 일요일

자식들은 다 컸다고 저들끼리 나돌고
방구석에 우두커니 꿔다놓은 보릿자루
뚫어지게 바라본들
눈꼴만 시리운데
촌길 굽이굽이 정처 없이 떠돌다가
인적 드문 길가에 초막 같은 술집에서
파전 한 장 막걸리 한 되
시시콜콜 묵힌 얘기
이 나이엔 그저, 그저
식어버린 몸 대신에 정이 어째 산다며
남의 손은 어떨까 잡아보고 싶은 날도 더러더러 있다고
파전 막걸리 추가에 추가하고
죽일 놈 살릴 놈은
덤으로 안주하며

어떤가
교회 간다, 절에 간다, 친구들과 산에 간다
핑계는 여러 가지
바람 피기 딱
좋은데.

# 밤꽃 향에 취하다

지금은 밤꽃 천지
향기가 지랄이다.

산 깊은데 작은 마을
낮 뻐꾸기 밤 소쩍새 심기를 긁더니만
꽃 같잖은 꽃이 향기는 뭐 같아서
과부도 아닌 홀아비가
주책으로
홍매 따던 바구니는 나무 밑에 팽개치고
신발 벗고 주저앉아
하늘을 쳐다본다

구름은 여기저기 큰 덩치를 더 키우고
사이사이 드러난 깊고 푸른 틈새는
누구의 심사일까
어느 임의 가슴일까

장맛비 잠시 멈춘 주말 날씨에
미뤄둔 일 새로운 일이
산더미인데

예순을 지난 몸이 그래도 사내라고
싱숭생숭 마음이
가엽기도
가소롭다.

# 비 오는 날의 나타샤

비가 억수 무진장으로 내리는데
나는 처마 아래 나와 앉아
나타샤를 기다리며
커피를 마시면서
맥 빠진 소리로 중얼거린다.
비 그치면 오겠지
비가 그쳐도 오지 않는다면
내가 가야지
수백 리 길, 이 억수의 비속에는
흰 당나귀의 방울 소리도 들리지 않을 텐데
나는 염려와 아쉬움으로
커피 한 모금을 넘기고
왜 그리움엔
미운 모습은 없고 웃는 모습만 있을까를
생각한다.
커피 한 모금
혀를 쓸고 목을 쓸어
가슴으로 내려간다.

# 생각

그 카페에 가 봐야겠어
별을 담는 카페
눈에도 가슴에도 별이 담기는
조그만 카페
그 자리에 앉아
간밤 비바람에 꽃은 견디었는지
나비는 산안개는 살펴보며
연한 커피를 주문하고
꿈결에 담았던
하얀 백지 같은 그녀를 불러내어
어느 별보다 더 빛나는
네 눈을 내 눈에 담고
커피를 마셔야지
정오에 가까운 시간에도
비는 내리고
나는 침대에 누워 있지만

## 옹이가 된 이름

해가 달이 되고
달이 별이 되고
별이 이슬 되어
꽃잎에 내리는 밤
누구라
마음의 날개
산 넘고
물 건넌다.

며칠 내린 비로
씻겨 간 줄 알았더니
고목의 옹이처럼
가슴에 박힌 이름
뽑으면
상처가 될까
도로 깊이
묻는다.

## 유성이 된 이름

 당신의 머릿속에 무슨 상상으로
어떤 그림을 그리더라도
담을 수 없는 정취에서
커피를 마시며
별과 달을 보고
소쩍새 소리를 들으며
밤꽃 향에 취한다.

산은 하늘을 떠받치고
바람은 꽃잎을 흔든다.
꽃잎에서 굴러 떨어지는 이슬은
해맑은 별의 노래로
촌로의 가슴에서 감성을 끌어내고
나는 시 못 되는 글을 쓰며
누군가의 이름 석 자에서
설이은 추억 하나를 끄집어낸다.

그리움이라고 불리던 이름
첫사랑이라고 불리던 이름

첫사랑은 반드시 이별임을 또 배운 이름
별이라 불리다가 유성이 되어버린
그러나 아직
별 하나로 남은 이름
그 이름의 안녕을 글로 적는다.

접시꽃을 좋아할까, 지금 한창인데
꽈리꽃을 좋아할까, 작고 앙증맞은
꽈리꽃을 사진에 담아 대문에 내걸고
자리로 돌아간다.

소쩍새 소리가 더 크게 들리고
바람이 자고
풀잎에 꽃잎에 이슬이
쌓인다.

# 장마

오이 반 토막, 풋고추 다섯 개
된장하고 고추장 밥 한 공기
물소리 산새 소리 바람이 귓불 잡고
또 내리는 비
고수레, 고수레 만사형통
가던 임 돌아오고
누운 고추 일어나고
포도 넝쿨에 포도 열고 박 넝쿨에 박이 열고
호박잎 들깨잎 콩잎 쪄서 쌈을 싸고
상추는 날로 싸고
찐 감자 삶은 감자 덤으로 구운 감자
오이와 가지와 옥수수도 얼씨구
풋내에 감드는 매운맛으로
사랑한다, 사랑한다
중구난방
늦소회 핀다.

## 저녁 시간

커피를 마십니다.
하루 일이 전부 끝나고 조용한 시간
소쩍새 소리가 들리고
달과 별이 빛납니다

커피를 마십니다.
하루 일이 전부 끝나고 저녁을 먹고
낮에 본 딸기꽃이 삼삼해
딸기밭으로 갑니다

딸기꽃이 삼삼해 딸기밭에 오니
낮에 본 딸기꽃은 어디로 가고
하늘에서 별들이 내려와
딸기꽃처럼
반짝입니다

커피를 마십니다.
하루 일이 전부 끝나고 저녁도 먹고
어둠이 내린 산중의 저녁

가끔 먼 데서 개 짖는 소리가 들리고
이 시간에 우는 닭은 목숨을 담보로
울어야 합니다

소쩍새 소리를 들으며 마시는 커피잔에
별 하나가 톡 떨어져 반짝입니다
못내 그리운 얼굴

이 시간에 커피를 마시면
시를 모르는 사람도 시인이 된다고 해서
시인처럼
커피를 마십니다.

## 4부

이 깊은 산속에선 내가 섬이다

# 눈 위에 쓰는 편지

눈 위에 편지를 쓴다.
수신은 미운 사람
맞춤법과 횡설수설 고쳐 쓰지 않아도 되는 것이
미움의 크기만큼 통쾌하고
울분과 눈물과 화가 된
가슴속의 말들을 두서없이 다 적어도
내리는 눈이면 눈이 지우고
그친 눈이면 해가 지우고

눈 위에 쓴 편지는 하지 못한 고백
나도 잊어버릴 비밀이 된다.

## 더위를 처먹은 놈

밤을 팔까

낮을 팔까

숟가락 젓가락 밥그릇도 끼워주고

겉과 속 두루 다른 나는 덤이라고

주접주접 챙기는 듯

덤터기를 씌워서

낮은 무심 한더위

밤은 총총 별천지

말로 팔까

되로 팔까

근으로 달아 팔까

이왕에 깐 멍석이면

물을 판 선생님은 턱도 아닌

비싼 값에

횡설수설

허덕허덕

삐질삐질

골골골

## 목구멍이 포도청

눈 속의 늙은 솔을 외발로 딛고
긴 모가지 곧 세우고
고고함 도도함
하늘을 찌르더니
피라미 뛰노는 아침 물가에
연신 굽신굽신
먹이 찾는
학.

## 미친 아이들의 밤
- 늦은 10월 어느 모임에서

40도 50도 60도 70도
온전한 어른이라곤 한 사람도 없었다.
미쳐버린 아이들뿐
늦은 오후의 초승달이 지고 밤이 되자
모닥불이 붉고 파란 혀를 날름거리며
참나무 장작을 먹고
돼지감자를 먹고
시월 늦은 밤의 한기를 먹고
서리 맞은 다래처럼 쪼그라진 아이가 된
사람들의 가슴을 구워 먹는다.
별이 내려다보고 있었다
소녀 하나가 별이 미쳐서 제 가슴을 헤집는다고 했다
사람이 미치면 별도 미친다
모닥불도 미치고
옥양목 하얀 천에 이글대는 숯불로 다림질하던
울 엄마도 다녀갔다
미친 아이들에게는 노래가 있었다
노래는 막걸리 냄새를 풍기며 기타의 가는 줄을 타고
하늘로 올라갔다

별에 닿았다

별이 노래를 먹는다

슬픈 노래도 기쁜 반주로 먹은

별이 자꾸 커지고

모닥불이 날뛰고

밤은 적막을 잊은 채 깊어가고.

## 배나무를 심다

되지기 농막의 볕바라기 마당에
돌아온 봄바람과
배 한 그루 심었오

달빛에 흰 꽃이면
과실(菓實)이 견주겠오

더욱이 깊은 밤
소쩍새 홀로 구슬피 울면
따라서 젖는 맘을
널려고
하오.

## 볕 좋은 날

문이란 문은 모두 다 열어 놓고
이부자리 들어내어 볕 닿는 빨랫줄에 널어놓고
속도 겉도 두루두루
거풍합니다.

곁에 두고도 돌아보지 못한 것들 살피어
웃자란 것 솎아내고 아닌 것은 뽑아버리고
서로 닿은 잎사귀로 상처 난 건 뜯어내고
포기, 포기 틈, 틈으로
거풍합니다.

가끔은 이런 때도 있는 거라고
뻐꾸기 산비둘기 꾀꼬리 소리도, 넝쿨장미 향기도
넉넉히 벨 수 있게
거풍합니다.

누구라 여인아, 당신의 웃는 사진
새소리를 품을래요, 장미향을 품을래요
핸드폰 화면으로
거풍합니다.

일없이 한가한 날, 커다란 양산 펴고 앉아 있으니
만상 만물이 볕으로 바람으로
일념의 마음을
거풍합니다.

사랑은 빈 하늘의 구름 한 덩이
바지랑대 끝의 한 마리의 잠자리
내가 쓴 글귀도
거풍합니다.

주변에 이 모든 게 언젠가는
본래의 제자리로 돌아가겠지만
지금은 곁에 있어 아름다우니
마음을 기울여
거풍합니다.

## 보현산에 올라

별 좋기로 소문이 난
보현산에 올라갔다.

보현산 꼭대기엔
무지막지로 커다란
별을 보는 눈이 있다.
그 눈의 편의로 새 길이 뚫리고
굽이굽이 숨이 차던 옛길은 사라져
한 가닥 실오라기
이바구가 되었지만
나는
옛길에 뒹굴던 돌멩이 같은
조그만 내 눈으로
별을 본다.

내 눈으로 보는 별은
반딧불처럼 반짝이고
사라진 옛길의 솔솔한 이바구와
전설과 신화가 살아있다.

\* 보현산 : 별을 관측하는 '보현산 천문대'가 있다

# 비 오는 밤

비 오는 밤은
잠들지 않고 깨어 있고 싶다.
조곤조곤 내리는 비
우당탕탕 퍼붓는 비
나름 나름의 외침을 들으면서
나름으로 살면서 나름으로 겪었던
빗소리 천둥소리 바람 소리
그리운 이 미운 이
사랑도 눈물도 나름
나름으로 떠올리며
비 오는 밤은
마냥
깨어 있고 싶다.

# 산중에서 사는 맛

돌복숭아를 따려고 산에 올라갔더니
알알이 탱글탱글
산딸기가 지천으로
이른 봄에 싹을 틔워 꽃 달고 열매 달고
가시를 키워서 도적 방책 세웠지만
놋쇠 문고리에 숟가락 꽂고 대문에 빗장 걸고
열 오빠가 지킨들
이팔의 바람 든 여동생을 못 지키듯
살짝 가린 이파리로 헤살헤살 하는 것이
날 잡아 잡슈이라
장갑 끼니 어둔해서 맨손으로 달려들어
옛사랑에 그랬듯 조심스레 따려는데
앙칼진 가시 앙탈
손등 마구 할퀸다.
앙칼진 데 있어야 성취의 맛도 크니
보고도 못 먹는 건 사내 체면 아니고
예쁜 것이 탓이지
좋은 맛이 탓이지
앙탈은 애교이고 심기 훨씬 돋우는 것

이파리 들춰 가며 하나씩 따 모은 게
말(斗)은 족히 됨직해서
누구 주고 누구 줄 거
나누어 놓고 보니
손등 할퀸 아픔은 오간 데 없어지고
입으로는 달콤하고 눈에서는 아련하고
가슴에는 흐뭇함이
어려우니 힘드니 여타 핑계 저버리는
산중 삶의 맛인 듯
다.

## 산중에 산다는 건

오늘 할 일을 내일로 미루면
내일 일이 되고

내일 할 일을 오늘 하게 되면
오늘 일이 된다.

어제가 오늘이고 오늘이 내일이고
내일이 오늘로 되기도 하는

유유자적

산에 가서 생강나무를 캐다 자리 골라 심고
산머루, 산 다래 줄기를 잘라 왔다

꺾꽂이 해 보려고
개울에 가서 모래도 담아 오고

나무를 심고 키우듯이 서두르지 않고
쉬엄쉬엄

그래도
시간은 가고 세월이 흐르면서
사람은 늙어간다.

# 세상에서 가장 너른 강
— 고성, 통일전망대에서

당신과 나 사이에 흐르는 강 하나를 품고
땅끝 간대로 달려온 여기에서
당신과 나 사이보다 더 너른 강이 있음을 알았다.

태평양도 대서양도 세계의 오대양을 건너다니는
배 만드는 나라에
수십 년을 돛 달고 노저어도 건너지 못한
세상에서 가장 너른 강이 흐르고 있다

수많은 사공들이 붉은 피를 흘리며 스러져도
무서운 회오리와 거친 파도를 숨긴 채
고요로 위장하고 흐르는 저 강에
누가 배를 띄울까
다리를 놓아
건너편 저 미지에 꿈같은 초원을 일굴까

새들은 날아서 건너고 짐승들은 걸어서도 건너는데
사람만이 건널 수 없는 저 강은
은하수보다도 너른 강

기도도 닿지 않는 건너편 기슭을 망연히 바라본다
거기에도 사람이 살고 있을까?

깊이도 알 수 없어 돌을 던진다
퐁당 소리도 없이 수십 년을 가라앉는 돌멩이

당신과 나 사이의 강은 강도 아니다

나는 돌아선다
당신을 향하는 걸음이 빨라진다.

# 섬

이 깊은 산속에 섬이 어디 있느냐고
이 깊은 산속에선 내가 섬이다

거북손 따개비 허리를 휘감는 파도는 없어도
달을 보고 별을 보고 바람을 안고
홀로 울 줄 아는
내가 섬이다

바람에 실려 오는 꽃향기 새소리 낙엽은 파도이고
정다운 이 찾아오면 밀물로 맞고
보낼 땐 아쉬움의 썰물이 된다

밀물 썰물 기약 없는
산중의 섬은
기다림을 배우며 그리움을 알고
그리움을 모아서 시를 쓴다.

# 섬 2

섬이 하나 있다.
밀물에 섬이 될까
썰물에 섬이 될까
별이 뜨는 밤은 별이 되어 떠오르고
이슬이 내리면 이슬로 잠겼다가
새소리 꽃향기에
환영처럼 떠오르는,
바람이 지나가면 숲이 파도 되고
텃새는 알람으로
철새는 벗으로
모란이 지고 작약이 한창 인 때
해초처럼 엉킨 넝쿨장미 꽃 피우고
낡은 처마 한쪽은 제비에게 선심으로
철새야 텃새야
꽃이 피면 꽃이 되자,
외로움 그리움 모두가 그까짓 거
헛기침 컹컹대며
산중에 섬이 산다.

# 섬 3

섬은 바다에만 있는 것이 아니다.
멀리 떨어진 듯 홀로
외로우면 섬이다.
때론 뜨겁게 때론 차갑게
외로움 그리움 숨겨둔 가슴에서
물 없이 파도 일고
나무 없이 바람 일고
뭉클뭉클
섬이 자란다.

# 섬 4
- 일요일 밤

다 갔다.
밀물로 썰물로 파도로
비도 가고 바람도 가고 사람도 가고
나는 다시 섬이 되어
어둠에 떠 있다.
이렇게 오고 감이 어제오늘 아닌데
익숙해지지 못하는 건 무슨 연유로
눈에 삼삼 남은 것이 맘에도 남아
저 깊은 물속에서
파도가 된다.

## 소록도 망향가

그리움은 무거워서 물속에 가라앉고
소리는 가벼우니 물을 건널까
일그러진 몸의 기억 올올이 풀어
필릴리리 필릴리리
고향도 사랑도 옛 노래로
눈물도 모이면 바다 될 줄 몰랐을까
소리도 못 건너는 넓고 깊은 울에 갇혀
처단당한 아랫도리 생식불능 부여잡고
진물 나는 손가락 남은 피를 짜내어
바위에 아로새긴
천리 타향 망향가
필릴리리 필릴리리
별이 들어 전할까 달이 알아 전할까
물소리에 묻혀버린 가늠 없는 설음으로
해거름 물 가운데 노루 한 마리
바다보다 깊은 눈에
노을빛이여

## 운문사 노스님

운문사에 가면
노스님 한 분 계신다.
폭 너른 푸른 치마에 세상 얘기 보듬으며
중생이 곧 법이라고
오는 이 반기고 가는 이 안녕 빌며
때로는 애련(哀緣)으로
때로는 막걸리로
가슴에 멍 만들고 지워가면서
거기 그 자리에 수백 년을 다소곳
부처가 된
노스님
나이를 묻지 말라
이승의 나이는 고작에 불과하니
겹겹이 얽힌 연을 굳이 풀려고도 하지마라
수많은 타래실로 짜여진 천처럼
때로는 비바람에 우산이 될 수 있고
눈보라 막아주는 따슨 옷도 될 수 있어
의연히 바라보면
만사가 나름으로

그래 그리 그렇단다
부처가 된
소나무.

\* 운문사 : 경북 청도 운문면 소재. 비구니 도량.

## 저녁 무렵

뻐꾸기 꾀꼬리 소리가 멀어지고
물소리가 커진다.
곧 소쩍새가 울겠지
들일 일찍 마치고 돌아와 화단에 풀을 뽑고
꽃 몇 포기 심었다.

일상이 크게 다르지 않지만
풀이 변하고 꽃들이 변하고
산의 색이 변하고
아는 사람의 안부가 궁금해지기도 한다.

집 앞 전봇대의 까치집
며칠간 까치가 시끄럽더니 까치가 사라지고
다른 새가 그 집을 차지한 거 같다.
새들도 경제 활동을 하나 보다
오래전 고립무원의 나처럼
까치의 심정을 충분히 이해할 수 있을 거 같으니
그 얘기는 그만하고

어둠이 내려온다

오늘 밤 나는 또 누군가를 생각할 거 같다

청탁받은 원고에 그 이름을 쓰게 될지 모르겠다.

# 적적(寂寂)

가뜩이나 적막한
산중 독거(獨居)에
어쩌라고 장맛비는 길기도 하여
절로 자란 꽃들도
도리질인데
이웃집 굴뚝의 연기를 따라
고소한 저 냄새는
침샘을 헐고
떠나간 벗들의 처마에 빈집
똥 치우는 수고에도
그리움이라
유심 무심 다 버렸다 할 수 없으니
누구라
마주 앉아 차라도 한 잔
시담(詩談)을 곁들어
나누고 싶네

# 턱을 넘으면서

산이 둘러 아늑하고 샘 가까워 좋은 터를
고르고 다지어서 자그만 집을 짓고
심중 허기 달래려고
꽃을 심었다.
한설에 매화부터 피고 지는 꽃을 세며
국화꽃 몽우리 실하게 영그는 즈음
아침저녁 잦은 안개
어느덧 가을인가
긴소매 옷을 챙겨 뜨락에 내려서니
아기의 젖살처럼 해말간 달빛
버려진 듯 텅 빈 길 쓰다듬고 밝히면서
풀잎에 이슬처럼
발등 흠뻑 적시는데
수많은 마디와 턱을 꺾고 넘는 여정에
실없이 오고 감이 어찌 있을라고
귀청 갉던 매미도 매집 좋던 여름 볕도
어느 땐 가 한 철에는
그리움이 되겠지
울 같은 산, 피 같은 물, 밤낮 없지만
또 하나 턱을 넘는 생의 여정은
가뭇한 풀벌레 소리에도 마음 닿는다.

# 허접

새벽닭이 홰를 친다, 소쩍새는 아직 울고
달은 저도 별은 남아 남들은 새벽에
나는 시를 찾는다

너와의 거리가 멀어짐을 느낀다
멀어진다는 건 머물 수 없다는 거

네가 가기 전에 내가 가는 건
최소한의 자존심을 지키려는 거

네가 내게 보낸 것은 무엇이었나
우거진 숲에서 회초리로 쓸 만한 나무 하나 베는 거
산자락 풀숲에서 고사리 하나 꺾는 거
흔할 거 같으면서 귀한 거

기억이 흐르다가 쉴 수 있도록
조그만 소(沼)라도 하나 만들자

휜 가지 늘인 가지 다 다잡고

나무야, 오늘도 울음이더냐
바람아, 심술보를 터트리느냐

얽히고설키어도 이승이더냐
가보지 않은 꿈의 저승이더냐

늦잠에서 깨어나 하는 짓이
어제, 오늘 다름없는
허접한 짓
엄나무를 잘라서 술을 빚는다

술 못 하는 사람이 술을 빚는 건
누군가를 기다리는 고백일 테지

술이 익을 때쯤 들리시게나
문도 벽도 없는 허름한 농막
드나들기 편하도록
대문도 없네.

# 5부

백석의 그녀는 어디로 갔을까

# 가을은

낡은 SUV를 타고
짙은 색 선글라스를 낀
중년 살짝 넘긴 아줌마와
늙은 상수리나무 숲 비포장길을
달리는 거다.
덜컹대고 흔들대며
바스러지는 낙엽의 소리는 못 들어도
낡은 차가 우는 소리 들으며
오소리 너구리 멧돼지 빵빵한 엉덩이
도토리에 취하는
한 철
옆자리 아줌마의 허벅지에 손을 올리고
슬금슬금 아닌 척 먼눈으로
상수리나무 숲을
달리는 거다.

# 그놈

인간 육십 고려장은 옛말
할 일도 없는 놈이 새벽이면 일어선다.

이승의 삶 육십여 년
어문 시집 한 권내면서
하느님 부처님 어느 분보다 위대한
울 엄마 이름을 담았으니
내가 해야 할 일 다 한 줄 알았는데

정작 써야 할 땐 소금 먹인 오이 같은 놈이
새벽에라도 일어서면
할 일 아직 남은 거라고

남자의 한 생을 두루 재는 잣대
희망 또는
허세.

## 대나무를 태우다

비운다, 비웠다 해서
다 비운 줄 알았더니
층층이 쌓고 쌓아
감추고 숨겨 둔 게
마지막
불꽃을 만나
굉음으로 폭발한다.

비운 듯 쌓은 속은
희비를 넘나들며
삼라(森羅)에 지은 업을
홀로 지고 가는 듯이
일갈로
털고자 하는
가증에나 견줄까

파란 잎 푸른 줄기
초(草)도 목(木)도 아니게
이리저리 흔들흔들

지조 잃은 삶이더니
처량한
뉘우침인 듯
이 맘 괜히 숙연타.

## 똥견(便犬)

당신 맘에 나 없음을 알면서도
살랑살랑 꼬리 흔든다.

고무신짝 던지고 슬리퍼 짝 던지며 쫓으려고 하지만
모르는 척 꼬리 흔든다.

미움을 버리니 자존심 까짓것도 별거 아니라
밥보다 더 그리운 정을 구걸하며
자(尺)에도 못 미치는 꼬리 흔든다.

이승에서 삶이 서로 달라도 가는 길은 같은 길
당신 맘에 나 없음을 알면서도
가는 길에 동행 될까
꼬리 흔든다.

# 똥견 2

똥견이 글을 쓰면
똥맛이 나지
측간에 쪼그리고 앉아 끙끙대는 맛
뭉친 덩어리 하나 뽑으면
날아갈 듯 훤한 세상이 있고
그 맛에 다시 보는
똥견의 글엔
어두운 측간에서
독수공방 끙끙 앓는 울음도 있어
뭘까 무얼까 읽다가 보면
똥 냄새도 그리운
고향의 맛
웃다가 울다가 또 웃다가
이별도 만남도
똥 냄새
나지.

# 모지리

마음이 울적할 땐 손빨래를 해요
발로 밟고 손으로 치대고
찢어지게 비틀어 물기를 짜면
이마에 핏대 돋고 땀방울이 맺히고
그렇고 그런 것들이 비누 거품처럼 사라져
팔다리가 풀리고
탈탈 털어 빨랫줄에 널어요
사랑은 빈 하늘의 구름 한 덩이
그리움은 바지랑대 끝에 한 마리의 잠자리
푸른 산이 다가오고
소쩍새 부엉이 뻐꾸기 꾀꼬리 누군가의 이름으로
살랑살랑 바람에 묻어와요
한쪽 눈 찡긋 웃어주어요.

## 무욕

해 갸웃 달도 갸웃
산중에 작은 거처

개망초 꽃보다도 별이 더 많은 밤엔

이슬도 어지간 내려
빈 가슴을
채운다.

# 무제

깊은 산마을의 겨울밤
눈이 내리고 부엉이가 울고
정장이 입고 싶어
옷장에서 검은 정장을 꺼내어
흰 셔츠를 입고 검은 넥타이를 매고
진달래 필 때 소쩍새 울던 밤을 생각한다.
반딧불이 날던 밤의 하얀 박꽃이 떠오르고
국화꽃으로 차 만들던 밤엔
오동나무 고사목에 그믐달이 걸렸었다.
느릿느릿 지나가는 것들이 울컥울컥
검은 넥타이로 목을 조른다.
거울을 보면서
딴에는 멋지다고 느껴보지만
도로 벗어서 옷장에 걸고
옛 친구를 생각한다, 녀석의 무덤에
눈이 쌓이겠네
바람이 잔잔하다.

# 비 오는 날의 시

비 오는 날 시를 쓰면
시가 젖는다

비 오는 날 시를 읽으면
시가 젖어 있다

비 오는 날의 시는
써도 젖고
읽어도 젖고

가을비에 낙엽처럼
모두
젖는다.

# 시인아

시인과
시인의 대화에는
꺼리 없이도 밤이 깊는다.

별과 별이 서로 마주하며 빛을 내듯
거기엔
시간이 없고
시인이 없고
술이 없어도
그저, 빛나는 별들처럼
뱉는 말 한마디가 술이 되고 안주가 되고
취기의 말은 어느새
하늘에 올라가
별이 되고

시인과 시인의 자리에는
명석도 거적도 없이 맨바닥의 흙이라도
무심결 한마디 툭 던지면
돌멩이가 되었다가

풀이되었다가
어느새 꽃으로
이슬을
머금는다

가난에도 넉넉하고
미쳤다고 욕하는 사람들이 도리어
더 부러워하는
시인아
오늘의 가심은
무어로 할까

별이 좋겠나
꽃이 좋겠나.

## 어느 봄날 오후쯤에

언제 보았지, 어제가 까마득한 옛날로
오늘의 해와 구름이 바람과 비의 심술에
놀아난다.

나비가 앉은 꽃을 보다가 나비가 된 너는
어느 시인의 그녀를 작은 가슴에 담아온 이상으로
거기에 또 백석의 나타샤를 담고
큰 눈으로 웃을 때
나는 독한 꿈 하나를
내가 숨 쉬는 그날까지 살아있으라고
대동맥 혈관에다 밀어 넣었다.

백석의 그녀는 어디로 갔을까
나는 나의 흰 당나귀를 타고
내 속의 피가 하얗게 식어가는 속도로
숨 막히는 어둠에 너를 데려가 등 떠밀어 남기고
대동맥에 심어둔 독한 꿈을 곱씹으며
갔던 길을 돌아 당나귀를 몰았다.

얼마의 시간이 흐르고, 내 머리는 숫자를 잃고
너는 그분들의 그녀와 둥근 다탁(茶卓)에서 차를 마시고
나는 대동맥에 심었던 독한 꿈을 꺼내어 다탁에 놓고
코끝에 걸린 돋보기로 너를 본다.

아마도, 볕이 무척 따사로운
어느 봄날
오후쯤에.

# 연(連)

장마가 온다더니 별이 없어요.
별이 많은 밤은 그리움이 많더니
별이 없는 밤은 외로움을 느껴요.

소쩍새가 울고
바람이 시원해요.

화단에는 꽃들이 흐드러져도 봐줄 사람이 없고
텃밭에는 채소가 널브러져도 먹을 사람이 없어요.
낮에는 이웃의 감자밭에서 감자를 캐주고
붉은 감자 흰 감자를 가져가라 했지만
주고 싶은 사람이 있어도 받아줄 거 같지 않아서
가져오지 않았어요.

참, 사람 같잖은 삶이 하루하루 이어지고
글도 쓰기 싫어져서 며칠간은 책도 읽지 않았어요
오늘 들일을 마치고 집으로 돌아오면서
왜 사느냐고 내게 물어보았어요
나도 모르겠다는 허망한 답을 얻고

박꽃처럼 호박꽃처럼 그저
수더분한 여자 한 분을 모시고 싶어요
꽃을 나누고 채소를 나누고 정도 나누고
혹여 글벗이라도 찾아오면 더불어, 함께 글도 거들고
산들에 흔한 꽃이나 풀로 차도 만들고
질경이 꽃대가 올라오고 있어요
따다가 덖어서 차를 만들면 좋다던 대요

소쩍새 소리가 가까이서 들려요
바람에 흔들리는 저 소리는
내일 아침 날이 밝으면 홀연히 사라져요
저는 저고 나는 나고 무관의 관계지만
때론 어떤 연(連)으로 얽힌 것도 같아요

저 소리가 울음으로 슬프게 들리면
나도 울고 싶은 슬픔을 느껴요.

## 요즘은 까치도

홍매 꽃 피는 아침 까치 소리에
눈 비비며 창을 열고
내다보았다

까치 한 쌍 재잘재잘
길조란 말 무색하게
전봇대 무단 점유

좋은 소식 알려주던 신통력도 사라진 듯
며칠 후면 철거당할
집을 짓는다.

## 우야꼬

앞에 써서 놀라고
뒤에 부쳐 물음으로
우야꼬,
우야꼬,
내삐도라 카면서도
맘 쓰임을
우야꼬,
그런 것도 아닌 것도
흘러가는 물인데
정이 많아
샘이 많아
괜히 마음 쓰여
앞에 서서 당겨주고
뒤에 서면 밀어주고
굴러 굴러 한 생을
우야꼬
우야꼬


\* 우야꼬 : 경상도 방언. '어떻게 할까', '어쩔까' 등등의 여러 의미로 쓰임.
\* 내삐도라 : 경상도 방언. '내버려두어라' 라는 뜻.

## 유유자적

산에 가서 생강나무를 캐다 자리 골라 심고
산머루, 산 다래 줄기를 잘라 왔다

꺾꽂이 해 보려고
개울에 가서 모래도 담아 오고

나무를 심고 키우듯이 서두르지 않고
쉬엄쉬엄

그래도
시간은 가고 세월이 흐르면서
사람은 늙어간다.

## 일흔 혹은 여든 즈음

혼자서도 꺼림 없이
허허 웃는다.
웃음 잃은 시간이 바둥거릴 때
눈물이 문을 열고 길을 닦았지
날리는 먼지 뒹구는 돌멩이들
훼방은 되었어도 막지는 못한
그 길의 끝쯤에서
그네처럼 앞뒤로 시소처럼 아래위로
속에 거 하나둘 내버리고
저울 위에 앉아서
허허 웃는다.

# 자학

종일 비가 내리고
종일 네 이름이 입안에서 맴돌았지만
끝내 내 입에서 나오지 못한
네 이름은
너의 행복을 위하여
늦은 밤 내 책상 위에서 깜박이다가
꺼져버리는 촛불이었다.
종일 비가 내리고
내린 빗방울보다 더 많은 네 생각에
나는 술을 마시고 싶었고
그럴 때마다 피운 담배의 수가
갑을 넘어, 재떨이에 수북이 쌓인
꽁초가 되었다.
비가 그치면
아픈 척추와 고관절의 호소를 무시하고
괭이나 삽을 들어야겠다.
나를 버려서 나를 구하는 선택
그게 너를 사랑할 수 있는
내 식의 방법인 걸
이제
알았다.

# 차분한 일상

이상하리만큼 차분한 일상이다.
낮에는 내 일, 남 일 가리지 않고
쉬엄쉬엄 보내고
밤이면 밤꽃향이 짙은 어둠 속에서
커피를 마시고
사색을 한다.

소쩍새 소리와 물소리, 수많은 별
무엇이 더 필요할까
쌀 한 포대면 한 달을 살고
텃밭엔 채소들이 어찌할 수 없을 만큼 자라고
된장 간장 고추장 양념도 있다.
부러움, 그게 무얼까
가끔 곰곰이 생각해 보기도 한다.
부러움은 욕심이다.

내게도 단 하나의 부러움이 있다.
이 하나의 부러움이 나를 힘들게 하고
버리려니 내가 나 아닌 것 같아 억지춘향이 되었고
안고 산다.

시를 잘 쓰는 것
시가 못 되어 견자의 옹알이에 그치더라도
몸으로 겪은 글을 쓰고 싶다.
자두를 먹어보지 않은 사람이 자두 맛을 알 리 없고
산딸기를 먹어보지 않은 사람이
산딸기 맛이 사랑의 맛임을 알 리 없다.
울어보고 웃어본 사람이 글맛을 알고

오늘 밤은 짙은 구름, 별이 없다.
이런 밤의 별 얘기는 거짓이다.
나는 그냥 밤을 즐긴다.

# 처서에 내리는 비

네가 있어 웃는 것은 행복이고
너 없이도 웃는 것은 울기 싫어 웃는 억지이고
웃고 우는 것이 너에게서 생겨남은
사랑일 테지
해와 달과 별, 구름과 비와 바람의 길이
너로 인해 지워지고 트이면서
내가 살아가는 길이라면
너는 나에게 대체 무얼까?
처서 즈음 나이에도 알듯 말듯 한
질문 하나를 내게 던지고
조곤조곤 내리는 비
홀로 맞는다.

# 허허

가진 거 따져보니
산중에 농막 한 칸

마당에 화단 일궈
갖은 꽃 심었더니

아뿔싸
부자가 됐네
두고 갈 짐 생겼네.

■□ 해설

## 소박한 사물과 그리움으로 지은
## 『詩가 있는 농막(農幕)』
〈장대규의 시세계 - 농막 축조법 중심으로〉

김필영(시인, 문학평론가)

■□ 해설

# 소박한 사물과 그리움으로 지은 『시가 있는 농막(農幕)』
〈장대규의 시세계 - 농막 축조법 중심으로〉

김필영(시인, 문학평론가)

 건축공학을 전공하고 건축현장의 감리로 일해 온 장대규 시인이 고향 영천으로 귀향하여 농막(農幕) 두 채를 지었다. 장대규 시인이 건축한 농막, 한 채는 대자연을 체감하며 전원생활을 위한 주거공간으로서의 실재하는 건축물이고, 한 채는 이 땅 어디에도 없는 사이버 공간에 지은 농막으로 「DAUM 블로그」『시가 있는 농막(農幕)』이었다. 문학행사에서 만날 때마다 초대했으나 아직 가보지 못한 '경북 영천시 자양면 보현리' 소재 농막은 언젠가는 가보게 될 것이다. 그가 사이버 공간에 세운 『시가 있는 농막(農幕)』을 준공한 후, 2009년 정월, 방명록 첫 줄엔 "이곳을 찾는 모든 분들의 건강과 행복을 기원드립니다."라고 적혀 있다.
 이번 장대규 시집 『우야꼬』는 2015년에 결코 어물지 않은 시집 『어물다』를 상재한 지 6년 만에 세상에 내놓는 시집으로 장대규 시인이 두 농막을 축조하여 자연의 사물들과 더불어 살며 사유한 영혼의 건축물『시가 있는 농막(農幕)』한 채를 선보인 것이라 하겠다.

## 1. 농막의 지경(地境) : 소박한 자연의 사물들

장대규 시집 1부에 편성된 시 21편은 모두 대자연의 소박한 사물들을 소재로 빚어진 시편이다. 그중 꽃에 관한 시는 9편인데 개망초, 능소화, 메꽃, 상사화, 동백꽃, 수선화, 홍매화 등 도심의 화원에서 쉽게 볼 수 없는 꽃들이다. 문학에서 꽃은 서정의 대상으로서 다양한 아름다움과 향기의 상징이자 고결한 존재의 상징으로 등장하기도 하고 사랑이나 꿈, 행복의 대상 또는 그 결정체로 은유 되기도 한다. 장대규의 시인이 시의 소재로 불러온 다양한 전원의 꽃들은 어디에서나 볼 수 있는 꽃이 아닌 희소성이 있으므로 시집에서 읽어보시기를 권한다. 주관적 관념시가 암호처럼 시단을 어지럽히는 시대에 이러한 자연의 하찮아 뵐 수 있는 사물들을 장대규 시인이 불러낸 것은 참으로 반갑고 고마운 일이며, 장대규 시인이 '시가 있는 농막'을 건축하는 지경(地境)이 바로 자연 속의 사물임을 알게 한다.

옹이도 멋이 되고
백골도 찬란하다

살아서 박힌 옹이
땅에 묻고 썩힌 뿌리

죽어서
이름이 될 줄
나무는 알았을까

- 「괴목」 전문

  위 시의 소재로 등장한 「괴목槐木」은 콩과(科)에 속한 낙엽 활엽 교목이 아니라 거대한 마른 나무가 생명을 다하고 쓰러진 것을 화자가 목격하고 '괴목'으로 명명한 것으로 보인다.
  1연을 들여다보면, "옹이" 즉, 나무에 박힌 가지의 그루터기는 흔히 "상처의 흔적"을 상징한다. 그러나 "옹이도 멋이 되"었다는 표현을 볼 때, '상처'와 '멋'은 대조적 자태로 놓고 보면, 반전의 표현이다. 상처의 흔적이 어떻게 멋이 될 수 있을까? 그것은 생명을 다하는 날까지 나무가 살아온 인고의 기간과 관련이 깊다 하겠다. 이어지는 행의 "백골도 찬란하다"는 표현에서 생을 다한 나무가 껍질까지 죄다 벗어 '찬란한 백골'이 되었음을 알게 하므로 화자가 말하려고 하는 바는, '옹이'와 '백골'로 은유한 우리의 '생'을 반추하게 한다. 살아간다는 것은 어쩌면 괴목처럼 가지를 내리고 제 몸에 옹이를 박는 일임을 깨닫게 한다. 그 '옹이'가 박힌 몸으로 풍상을 견디며 계절을 넘어 수십, 수백 년을 참아내야 하는 인내하며 사는 나무의 삶처럼 우리의 생도 다를 바 없음을 은유하고 있다.

  2연의 "살아서 박힌 옹이/ 땅에 묻고 썩힌 뿌리"는 시간적 과정으로는 1연의 모습으로 변천해가는 괴목의 삶의 여정을 다시 되돌아보는 묘사이다. '옹이'로 은유된 상처의 흔적은 아픔을 견뎌내야 하는 생의 여정, 즉 살아있기에, 살아야 하기에 아픔도 당연히 겪어야 하는 삶의 한 과정임을 함축하고 있다. 2연 2행의 "땅에 묻고 썩힌 뿌리"의 함축된 표현에서 화자는 무엇을 말하려 했을까? 나무의 '뿌리'는 가지의 길이에 비례하여 땅속으로 뻗어나간다는 말이 있다. 따라서 뿌리가 단단한 흙과 바위틈을 더듬어 물길을 찾아가는 여정이 나무의 생이었으며, 뿌리가 가지로 수액을 밀어 올리며 옹이가 되어가는 몸을 앓아갈 때, 똑같은 삶의 여정을 뿌리도 옹이와 함께 하였음을 함의하고 있다. 마지막 연은 1, 2연에 함축된 옹이와 뿌리의 생이 살아가는 과정에만 국한하지 않고 생을 마감해서도 새롭게 이어지고 사람이라는 가슴에 살아있는 이름이 되었음을 은유하고 있다.

    벽두의 산간 오지
    대문 없는 나 홀로 집
    헛간 같은 아래채 벽에 금식 중인 우편함
    길어진 동안거에 혹시나

행여 하고 살며시 손 넣어보니
아차, 이런
어느새
벚꽃잎 한 움큼
시침 뚝
드시었네,

-「봄」전문

  위 시는 "벽두의 산간 오지"라는 첫 행에서 화자는 2행의 "대문 없는 나 홀로 집"의 위치가 오지라는 인식을 강조하고 있는데, 이 표현이 능청으로 느껴지는 것은 "대문 없는 나 홀로 집"이 『시가 있는 농막(農幕)』의 동체이명(同體異名)으로 느껴졌기 때문이다. 벽두의 산간 오지, '경북 영천시 자양면 보현리'를 내비게이션으로 검색해보니, 서울에서 300Km 거리여서 도심을 상징하는 수도에서 거리상 오지라 하겠으나 산간이 떠오르는 백두(白頭)에서 이어지는 산간이 아닌 "벽두(劈頭)의 산간오지"라는 표현은 도시를 결별하고 귀향을 결정하게 된 시작을 의미하는 의미적 벽지(僻地)를 말하려는 것으로 여겨진다

  도시와 "벽두의 산간 오지/ 대문 없는 나 홀로 집"을 연결하는 매체는 "헛간 같은 아래채 벽에 금식 중인 우편함"이다. 장대규 시인에게 오는 모든 소식은 우편함을 통해 이루어진다. 가을과 겨울이 흐르는 동안 "시가 있는 농막"을 축조하

느라 장대규 시인은 한동안 "대문 없는 나 홀로 집"에서 시업에 몰두한 것으로 보인다. 그러나 '나홀로'라는 느낌이 들자 화자는 "헛간 같은 아래채 벽에 금식 중인 우편함"을 주목하게 된다. "길어진 동안거에 혹시나/ 행여 하고 살며시 손 넣어"보는 순간 손에 잡힌 것은 우편물이 아니었다. "어느새/ 벚꽃잎 한 움큼"이 손에 잡히는 것이 아닌가. 이렇게 "시가 있는 농막"에도 겨울이 지나고 이렇게 계절이 시작되는 '봄'이 오게 된다.

## 2. 농막의 기초 : 가족이라는 그리움의 원천

시인의 시적 사유의 원천은 어머니로부터 시작하여 사랑하는 이로 이어져 발전하게 된다. 시인의 가슴에 어머니라는 존재는 심장을 만들어준 존재이고, 그 심장이 '두근두근 콩콩' 뛰게 한 이는 '사랑하는 이'일 것이다. 장대규 시집 2부에 편성된 시 16편은 장대규 시인의 시인이 사랑하는 가족에 대해 사유한 시편들이다. 따라서 『시가 있는 농막(農幕)』을 축조할 수 있었던 탄탄한 기초석은 가족이며, 그 가족을 안겨준 원천인 어머니를 보내드리고 실감나지 않은 어머니의 부재로 인한 사무친 그리움으로 '어머니=시'라는 등식으로 이미 6년 전 출간했던 시집 『어물다』, 시편 「1부 어물다」 19편에 어머니에 대한 시를 절창으로 쏟아 놓았었다. 따라서 이번 2부에 시인의 가족인 아내, 딸, 손주들과의 사유로 빚은 시들로 편집되어 있음을 볼 때, "벽두의 산간 오지"의 '시가 있는 농막지기'가 처절한 외로움과 치열하게 싸워내는 데에 사랑하는 가족이 농막의 기초로 자리하고 있는 것으로 느껴진다.

> 젊은 시절은 꽃이었다가
> 어느덧 세월에
> 시가 되었다
>
> 내가 쓴 시 중에
> 가장 좋은
> 시
>
> 시답잖은 내 글이
> 당신에겐
> 시(詩)가 되고
>
> 빗방울 하나둘 자모음으로
> 내 눈엔 눈물방울
> 떨어진다.
>
> - 「아내」 전문

사랑하는 사람은 흔히 꽃으로 비유된다. 〈꽃=애인〉이라는 등식이 성립되는 것이다. 독자의 눈엔 화자가 의도적으로 강조하고 있다고 느낄지 모른다. 그러나 사실 1부의 꽃에 관한 시 중에는 아내를 꽃으로 보고 사유한 시편이 있다, 「메꽃」의 행간에도 "예순에도 소녀 가슴, 당신을 보면/ 흰빛 품은 연분홍/ 메꽃이 떠오른다."고 아내를 꽃으로 치환하여 꽃을 보면 아내가 그리워 애타는 마음을 절절하게 표현하고 있으며, 「상사화」에도 "아침에 눈을 뜨니 사람 그리워/ 털고 일어나 화단 둘러보다가/ 진정 어떤 이가 그리운가요?"라고 자문하고 "나 문득, 당신이 떠오르네요."라고 아내에 대한 그리움이 꽃을 보면 솟아오름을 고백하고 있어 〈꽃=아내〉가 등식은 이미 입증된 사실이다.

아내와의 사랑과 삶의 일화는 몇 편의 드라마로 엮어도 남을 만큼 많은 역정의 시간을 보낸 것을 생각한다면, 위 시는 아내와의 사랑과 애환이 함축되고 생략된 시라 하겠다. 장대규 시인은 위 시에서 "젊은 시절은 꽃이었다가/ 어느덧 세월에/ 시가 되었다." 비약한 것은 〈꽃=아내〉라는 등식을 〈꽃=아내=시〉라는 등식으로 발전시켜 아내에게 고백하는 마음을 숨겨 놓은 것으로 느껴진다. "어느덧 세월에/ 시가 되었다."는 말이 지금은 꽃이 아니란 말인가? 그렇지 않다. 시집 『어물다』 시편 중,「10년 후 우리는」에 "우리는 멀리 앉아 꿈만 꾸고 있지만… 꿈이 아닌 현실로… 사랑하자"는 표현의 연장선에서 「메꽃」의 결구에 "그렇지, 당신은 꿈꾸는 소녀/

이슬 내린 풀숲에/ 한 송이/ 메꽃"이라고 애달픈 마음을 토하는 것을 보면, "내가 쓴 시 중에/ 가장 좋은/ 시"가 아내라는 존재임이 확실해지는 것이므로 〈꽃=아내=시〉라는 등식은 더욱 확실해진다.

 2연에서 화자는 "시답잖은 내 글이/ 당신에겐/ 시(詩)가 되고"라는 고백에서 자신의 시를 폄하하는 것인가? 그렇지 않다.「10년 후 우리는」시에서 무려 5쪽이나 되는 아내를 향한 고백의 장시 중반에 "당신을 위한 시 한 편을 내가 쓰고/ 당신은 소리 내어 읽을 것 같다."는 염원에 이 표현을 대입하여 본다면, '당신이 나의 시를 읽어주지 않는다면' 자신의 글은 시답지 않다는 말이며, '시를 읽어줄 당신이 없다면' 자신이 시를 쓴다는 것도 의미가 없다는 것을 에둘러 말하고 있는 것이다. 따라서 "내가 쓴 시 중에/ 가장 좋은/ 시"가 바로 당신(아내)이라고 강조하는 것은 마음속에 간직한 길었던 침묵을 깨트리는 고백이라 하겠다. 그러나 시의 결구는, "빗방울 하나둘 자모음으로/ 내 눈엔 눈물방울/ 떨어진다."고 고백하고 있다. 아내를 생각하며 시를 쓰는 시어 하나하나 자모음들이 행간을 이루어나갈 때 눈물이 맺힌다는 진솔하고 간절한 표현은 아내를 향한 사무친 그리움이 '눈물'이라는 '고백과 사랑과 소망'이 함의된 화자의 속마음이 오롯이 전해와 읽는 가슴도 먹먹해 온다.

엄마, 엄마
나는 와 누부야가 없노?

이승에 태어나 이름도 못 가지고
삼신할미 명 따라 칠 안에 간
누부야

흔치 않던 미역국과 이밥을 끼마다 올렸어도
삼신할미 등 돌리면 어쩔 수 없었던 걸
그래도 내 탓이다, 눈 붉히던
울 엄마

칠 안에 떠났으니 얼굴인들 온전하고 정인들 알까마는
엄마를 닮았으면 함박꽃 같았겠지

하늘에 가까운 우듬지에 별 같은 한 송이

해마다 피는 꽃이 가끔은 생소하게
홀로 보는 내 눈에 두 얼굴이 포개어져

누부야는 좋겠다
엄마 만나 좋겠다.

- 「함박꽃」 전문

"함박꽃나무"는 사전적으로는 목련과에 속하는 낙엽활엽소교목으로, 학명은 Magnolia sieboldii K.Koch이다. 산에서 피는 목련이라 하여 산목련이라고도 하고, 지방에 따라서는 함백이라고도 한다. 혹은 조금 격을 낮추어 개목련이라고도 부른다. 한자 이름으로는 천녀화(天女化)라고 하여 '천상의 여인'에 비유하고 있다.

위 시, 「함박꽃」에서 장대규 시인은 사랑하는 가족을 꽃으로 치환하여 등장시킨다. 행간을 읽어내려가니 참으로 기구한 가족을 등장시킨 것을 알게 된다. 화자가 애절하게 엄마를 부르며 찾는 가족은 다른 이가 아닌 "누부야"다. "누부야"는 누나의 방언인 바, 화자가 엄마에게 "나는 와 누부야가 없노?"라며 '자신에겐 왜 누나가 없는가?'에 대해 묻고 있다. 이는 과거에 엄마에게 물었던 기억을 현재형으로 행간에 불러온 것이나 화자가 어린 시절이라면 가족 중에 누나가 없는 소년이라면 누나가 있는 친구들이 참 부러웠을 것임에 틀림없다. 화자도 소년시절에 겪었을 일이었을 것으로 여겨지는 이 질문에 대한 어머니의 대답은 한 편의 드라마 같은 슬픈 이야기로 2연에 전개되고 있다.

장대규 소년에게도 누나가 있었다. 지금은 만날 수 없지만 분명 누나가 있었다는 것이다. 그 사실만으로는 얼마나 기뻤을까만 그것도 잠시 눈물로 자초지종을 들려주는 어머니의 이야기는 2연에서 가슴 아린 사건으로 묘사되고 있다. "이승에 태어나 이름도 못 가지고/ 삼신할미 명 따라 칠 안에 간/ 누부야."라는 표현을 볼 때, 화자의 누나는 낳은 지 7일 안에 세상을 떠나게 되었다는 것을 알게 한다. 누나는 모태에서 나온 지 7일이 안 되었을 때 아프게 되었는데 의료기술이 발달하지 못했던 당시의 열악한 환경에서 안타깝게도 세상을 떠나게 된 것으로 여겨진다. 어머니는 앓던 딸이 일어나기를 삼신할미께 "흔치 않던 미역국과 이밥을 끼마다 올"리며 빌었건만 누나는 낳은 지 이레 만에 세상을 떠났던 것이다. 엄마는 어린 딸을 가슴에 묻고, 잃은 딸에 대한 책임이 모두 자신에게 있다고 눈을 붉히며 자책하시곤 하였던 것이다.

소년 장대규는 소년시절 엄마로부터 들은 누나, 낳은 지 7일 만에 떠나버린 누나에 대한 슬픈 일화를 가슴에 새기고 살아온 듯하다. 그리고 세월이 상당히 흐른 후 장년이 되어서 "함박꽃"을 보고 누나를 떠올리게 된다. "칠 안에 떠났으니 얼굴인들 온전하고 정인들 알까마는/ 엄마를 닮았으면 함박꽃 같았겠지"라는 표현에서 누나의 얼굴을 보지 못하였으므로 기억 속에 없으나 너무나 그리워했던 누나에 대한 그리움은 함박꽃을 보자 엄마의 얼굴이 떠오르고, 누나가 엄마를 닮았을 것이라는 연상추리로 누나의 얼굴이 접사되었음을 알 수 있다. 화자는 별이 빛나는 밤이면 유난히 가까이 반짝이는 별을 바라보며 누나를 생각하게 된다. "하늘에 가까운 우듬지에 별 같은 한 송이"라는 표현에서 소년의 누나에 대한 사랑과 그리움은 어른이 되어서도 "해마다 피는 꽃이 가끔은 생소하게/ 홀로 보는 내 눈에 두 얼굴이 포개어"진다. 마지막 연에 "누부야는 좋겠다/ 엄마 만나 좋겠다."라는 결구는 "함박꽃"이라는 상관물을 통해 이미 이승에 없는 누나에서 어머니에 대한 사무친 그리움으로 확장된다.

### 3. 농막의 기둥과 들보 : 기다림과 그리움이라는 버팀목

장대규 시인이 지은 『시가 있는 농막(農幕)』이 개망초, 괴목, 능소화, 메꽃, 상사화, 상추와 같은 소박한 자연의 사물들로 '농막의 지경'을 다지고, 꽃들로 치환된 어머니, 아내, 딸, 손주들(다연이, 다훈이, 해온이)과 자신의 삶의 공간에 함께하지 못함으로 날이 갈수록 깊어가는 고독과 사무친 그리움으로 '농막의 기초'를 구축했음을 알게 되었으니 이제 "시가 있는 농막의 기둥과 들보"는 어떤 소재로 세웠는지 그 마음속을 탐색해봐야 할 때가 되었다. '마음'이란 말의 사전의 일차적 정의는 " 사람의 내면에서 성품·감정·의사·의지를 포함하는 주체로서 마음은 지각하고 사유하고 추론하고 판단하며 자신을 통제하는 역할을 한다."라고 정의되어 있다.

> 마음에 품은 이는
> 언제나
> 봄입니다.
>
> 바람이 불까요
> 비가 올까요
> 새가 울까요

꽃이 필까요

아쉬움이 많아서 마음에 품고
안녕이란 말에 숨긴
지우지 못하는 기억이
때로 떠오르는
그리움으로

마음에 품은 이는
언제나
봄입니다.

- 「마음에 품은 이는 언제나 봄입니다」 전문

  사람이 마음에 품고 있는 존재라면 자연스럽게 '사랑하는 이'를 떠올릴 수 있다. 위 시에서 화자는 "마음에 품은 이"가 있음을 고백하고 있다. 그러나 "마음에 품은 이는/ 언제나/ 봄입니다."라는 행간에서 '사랑하는 이'를 계절에 비유하고 있음이 이채롭다. 시에서 표현한 '봄'이라는 계절은 자연의 계절 중 하나가 아닌 마음속에서 맞이하는 계절로서의 '봄'인 것이다. '시가 있는 농막(農幕)'에서 화자의 마음상태에 비추어 봄을 생각해 본다면 화자의 마음에 겨울이라는 계절을 보내고 난 후 맞는 새로운 계절임을 간과할 수 없을 것이다. 즉 '겨울'이라는 화자의 마음상태를 유추해본다면, 어쩌면 화자는 모든 것을 잊은 듯 동면에 들어간 기간일 수도 있고, 모진 한파에 떨며 추위를 견디어내야 했을 수 있다. 긴 터널 같은 겨울을 보내왔을 수 있어, 겨울을 보낸 마음에 해빙이 시작되는 상황을 표현한 것으로 볼 수 있다.

 질문하는 대상이 지칭되지 않게 "바람이 불까요/ 비가 올까요/ 새가 울까요/ 꽃이 필까요"라고 연속되는 질문으로 이루어진 2연은 공허감을 느끼게 한다. 그것은 질문의 대상이 실제 봄이 아니라 마음에 품고 있는 존재이기 때문이다. 따라서 이 질문을 하는 화자의 마음엔 두 가지 다의적 심리상황이 방황하고 있음이 느껴진다. 하나는, 내 마음에 품고 있는 이가 아직 오지 않은 상황에서는 봄이 왔음을 인정할 수 없음이요, 또 하나는, '남쪽에서 따스한 바람이 불어오고, 보드란 봄비가 내려 대지를 깨우고, 새들이 노래하며 짝을 짓고, 꽃들이 피어나는 대자연의 향연에도 사랑하는 이가 없는 농막이라면 무슨 의미가 있겠는가?'라는 말일 수 있다.

 3행은 내 마음에 품은 이가 내 곁에 없다면 봄은 결코 오지 않으며, 온다 해도 의미가 없음을 확증케 하는 회한을 느끼게 한다. '사랑하는 이'와의 간극이 시간을 되돌려 가보면 마음의 한켠에 전혀 원하지 않았던 사건이었음을 느끼게 한다. "아쉬움이 많아서 마음에 품고/ 안녕이란 말에 숨긴/ 지우지 못하는 기억이/ 때로 떠오르는/ 그리움으로" 봄이 오기를, 곧 "마음에 품은 이"를 애타게 기다리고 있으며, "마음에 품은 이는/ 언제나/ 봄"이라는 기다림과 희망이 연속적 진행

형임을 고백하고 있다.

> 비가 억수 무진장으로 내리는데
> 나는 처마 아래 나와 앉아
> 나타샤를 기다리며
> 커피를 마시면서
> 맥 빠진 소리로 중얼거린다.
> 비 그치면 오겠지
> 비가 그쳐도 오지 않는다면
> 내가 가야지
> 수백 리 길, 이 억수의 비속에는
> 흰 당나귀의 방울 소리도 들리지 않을 텐데
> 나는 염려와 아쉬움으로
> 커피 한 모금을 넘기고
> 왜 그리움엔
> 미운 모습은 없고 웃는 모습만 있을까를
> 생각한다.
> 커피 한 모금
> 혀를 쓸고 목을 쓸어
> 가슴으로 내려간다.
>
> - 「비 오는 날의 나타샤」 전문

위 시 「비 오는 날의 나타샤」의 제목의 "나타샤"라는 이름에서 언뜻 백석 시인의 "나와 나타샤와 당나귀"가 생각난다.

"가난한 내가/ 아름다운 나타샤를 사랑해서/ 오늘 밤은 푹 푹 눈이 나린다"로 시작되는 백석의 시에서는 '눈이 푹푹 내리는 날' 나타샤를 그리워하는 설정인데, 장대규의 시에서는 "비가 억수 무진장으로 내리는" 날 나타샤를 기다리는 "날씨의 설정"이 흡사하고, 백석의 시에서는 '소주'를 마시고, 장대규의 시에서는 '커피'를 마시는 음료의 설정의 이미지가 유사성이 느껴진다. 그러나 이미지와 전개상황의 흡사함에도 발표시기로는 83년 전의 백석 시인의 시와 장대규의 시인의 시를 수평에 놓고 대비하는 것은 별 의미가 없다고 여겨진다. 왜냐하면 「비 오는 날의 나타샤」를 통해 장대규 시인이 구축하고 있는 '시가 있는 농막(農幕)'의 고유한 건축자재로서의 사유에 집중하고 자 하는 것이다.

  화자가 나타샤를 기다리고 있는 상황을 생각해 보면 "비가 억수 무진장으로 내리는데/ 나는 처마 아래 나와 앉아/ 나타샤를 기다리며/ 커피를 마시면서/ 맥 빠진 소리로 중얼거"리고 있다. 여기서 '억수 무진장으로 내리는 비'는 화자의 마음의 양면성으로 은유된다. 하나는 억수 무진장으로 쏟아지는 비처럼 나타샤를 그리워하는 마음을 은유하며, 하나는 나타샤가 오는 것을 방해하는 작용을 의미하고 있다. 커피를 마시는 것은 기다림과 그리움을 달래는 역할의 일부로 나타난다. "맥 빠진 소리로 중얼거"리는 것은 기다림이 길어지면서 풀이 죽은 모습이겠으나 "비 그치면 오겠지,/ 비가 그쳐도 오지 않는다면／ 내가 가야지,"라는 다짐에서는 나타샤를 향한 그리움을 만남으로 실현하고야 말겠다는 결연함이 느껴진다.

  화자가 나타샤를 그리워하는 위치인 '농막의 처마 밑'과 나타샤와의 거리는 멀고 멀다. "수백 리 길, 이 억수의 비속에는／ 흰 당나귀의 방울 소리도 들리지 않을 텐데"라는 표현에서 수백리길을 흰 당나귀를 타고 나타샤를 찾아갔을 때, 억수의 빗속에는 나타샤가 당나귀의 방울소리가 들리지 않을지 모른다는 의미를 표출하고 있으나 이는 '나타샤가 자신을 반겨 맞아주지 않으면 어떡하나'라는 불안감을 에둘러 표현하고 있는 것으로 비쳐진다. "나는 염려와 아쉬움으로／ 커피 한 모금을 넘기"는 모습에서 그 마음을 고백하고 있음에 부인할 수 없다. 이제 시의 결구를 향하며 화자가 나타샤를 잊지 못하고 기다리고 있는 사유를 "왜 그리움엔／ 미운 모습은 없고 웃는 모습만 있을까를／ 생각한다."라며 나타샤를 사랑하는 마음을 '그리움' 탓이라는 식으로 마음을 감추고 에둘러 말하고 있다. "커피 한 모금／ 혀를 쓸고 목을 쓸어／ 가슴으로 내려간다."는 결구는 화자가 너무나 그리워하는 자신의 모습을 커피 한 모금으로는 감추지 못하고 들켜버렸음을 어쩔 수 없이 고백하고 있는 것이다.

## 4. 농막에 사는 존재 : 섬, 섬, 섬

장대규 시인이 『시가 있는 농막(農幕)』을 소박한 자연의 사물들로 '농막의 지경'을 다지고, 함께하지 못함으로 날이 갈수록 보고픈 가족이라는 그리움의 원천으로 '농막의 기초'를 구축했으며, 기다림과 그리움의 버팀목으로 '농막의 기둥과 들보'를 구축했으니, 이제 농막의 지붕을 덮고 완공된 농막에 존재하는 시인의 마음 상태를 들여다보고자 한다,

> 이 깊은 산속에 섬이 어디 있느냐고
> 이 깊은 산속에선 내가 섬이다
>
> 거북손 따개비 허리를 휘감는 파도는 없어도
> 달을 보고 별을 보고 바람을 안고
> 홀로 울 줄 아는
> 내가 섬이다
>
> 바람에 실려 오는 꽃향기 새소리 낙엽은 파도이고
> 정다운 이 찾아오면 밀물로 맞고
> 보낼 땐 아쉬움의 썰물이 된다
>
> 밀물 썰물 기약 없는
> 산중의 섬은
> 기다림을 배우며 그리움을 알고
> 그리움을 모아서 시를 쓴다.
>
> – 「섬」 전문

위 시에서 장대규 시인은 농막과 자신을 '섬'이라 부르고 있다. 섬의 사전적 정의는 "대양(大洋)·내해(內海)·호소(湖沼)·대하(大河) 등의 수역에 둘러싸인 육지의 일부를 섬이라 부른다. 섬은 지각운동에 의하여 해저의 일부가 융기하거나, 해안산맥의 일부가 침수되어 높은 땅의 일부가 해면 위에 남아 있거나, 또는 육지의 일부가 침강하여 그곳에 해수가 들어와서 섬이 형성된다. 해저화산이 분출하여 만들어진 화산도(火山島)나 해안 지역의 일부가 파도와 빙하의 침식을 받아 육지와 분리되어 만들어진 섬도 있다.

장대규 시인은 경북 영천시 자양면 보현리 별빛로 산골 육지에 『시가 있는 농막(農幕)』을 지어 놓고 살면서 어째서 섬이라 불렀을까? 첫 행에서 "이 깊은 산속에 섬이 어디 있느냐고/ 이 깊은 산속에선 내가 섬이다."라는 주장을 편다. 2연은 "거북손 따개비 허리를 휘감는 파도는 없어도/ 달을 보고, 별을 보고 바람을 안고/ 홀로 울 줄 아는/ 내가 섬"이라고 우기는 듯한 표현에서 "홀로 울 줄 아는" 화자에 주목할 수 있다. '운다는 것'은 혼자만의 마음속에서 일어나는 감정 표현 중에서 가장 내밀한 심리적 현상이나 "달을 보고, 별을 보고, 바람을 안고" 홀로 운다는 것은, 달이나 별 등, 주변의 자연환경이 외로움과 싸우는 데에 위로가 되는 것이 아니라 오히려 더욱 외로움이 심화되는 상황을 연출하여 울게 하는 촉매로 작용하여 화자 자신이 고립된 섬이라는 것을 느끼게 됨을 강조하고 있다.

3연에서는 농막의 삶에서 만남과 헤어짐의 상황들을 섬이 가진 자연현상으로 치환하여 "바람에 실려 오는 꽃향기 새소리 낙엽은 파도이고/ 정다운 이 찾아오면 밀물로 맞고/ 보낼 땐 아쉬움의 썰물이 된다."라고 묘사하여 농막 주변의 자연현상을 파도로, 이따금 찾아왔다 떠나는 방문객을 밀물로 치환하여 화자의 주장이 허구가 아님을 말하고 있다. 그러나 그런 만남이 궁극의 해결책이 아니라 "밀물 썰물 기약 없는/ 산중의 섬은/ 기다림을 배우며 그리움을 알"게 하는 또 하나의 깨달음을 얻게 됨을 알려준다. "기다림과 그리움의 근원적 존재가 누구인지, 그를 얼마나 사랑하는지, 그리움의 대상을 향한 화자(섬)의 소망은 "그리움을 모아서 시를 쓴다."는 결구 속에 은닉되어 있다.

> 섬은 바다에만 있는 것이 아니다.
> 멀리 떨어진 듯 홀로
> 외로우면 섬이다.
> 때론 뜨겁게 때론 차갑게
> 외로움 그리움 숨겨둔 가슴에서
> 물 없이 파도 일고
> 나무 없이 바람 일고
> 뭉클뭉클
> 섬이 자란다.
>    -「섬 3」 전문

다 갔다.
밀물로 썰물로 파도로
비도 가고 바람도 가고 사람도 가고
나는 다시 섬이 되어
어둠에 떠 있다.
이렇게 오고 감이 어제 오늘 아닌데
익숙해 지지 못하는 건 무슨 연유로
눈에 삼삼 남은 것이 맘에도 남아
저 깊은 물속에서
파도가 된다.

- 「섬 4」- 일요일 밤, 전문

  장대규 시인은 이번 시집에「시가 있는 농막」의 삶에서, 4편의 「섬」 시를 소개하고 있다. 이 '섬'이라는 동일 주제로 여러 편의 시를 쓸 수 있다는 것은 어쩌면 무수한 섬이 생략된 반증이기도 하다. 화자가 산중에 스스로 '섬'으로 살아가며 기다림과 그리움으로 버티어가는 섬세한 '섬의 감정'을 읽으면 독자도 섬이 되는 착각에 빠지게 될 것 같다.

  「섬」 첫 시가 섬의 자연현상을 은유하여 섬의 고독을 은유한 것이라면, 「섬3」과 「섬4」는 "섬은 바다에만 있는 것이 아니다./ 멀리 떨어진 듯 홀로/ 외로우면 섬이다."라고 자신의 내면적 외로움을 진솔하게 고백한 표현으로 느껴진다. 화자가 농막의 삶에서 '섬'이 되어 '섬'으로 살아가는 일은 "때론 뜨겁게 때론 차갑게/ 외로움 그리움 숨겨둔 가슴에서/ 물 없이 파도 일고/ 나무 없이 바람"이 이는 일임을 고백한다. "뭉클뭉클/ 섬이 자란다."는 표현에서 결코 멈출 수 없는 그리움이라는 나무처럼 '섬'도 「시가 있는 농막」으로 그리운 사람이 찾아오는 길목을 바라보며 사슴의 목처럼 기다림이 뭉클뭉클 자랄 것이다.

"「섬 4」-일요일 밤"에는 화자가 어쩌면 '섬'에서 '섬'이 되어 시를 쓰며 살아야 함을 숙명으로 받아들이려는 마음이 담겨 있는 듯하다. 때는 주말을 통해 사랑하는 가족들이 농막으로 '섬' 같은 화자를 방문하여 정을 나누고 일요일이 저물어가자 각자의 일상으로 돌아가기 위해 떠나고 혼자 남았을 때다. 시는 "다 갔다./ 밀물로 썰물로 파도로/ 비도 가고 바람도 가고 사람도 가고"로 시작되는 행간은 "나는 다시 섬이 되어/ 어둠에 떠 있다."고 외로움의 극한적 상황을 들려준다. "이렇게 오고 감이 어제오늘 아닌데/ 익숙해지지 못하는 건 무슨 연유로 눈에 삼삼 남은 것이 맘에도 남아" 있어 잡지 못하고 보내야만 하는 현실과 따라가지 못하는 안타까움이 더욱 외로운 섬으로 고립시킴이 아프다. 마지막 행의 "저 깊은 물속에서/ 파도기 된다."나는 표현에서 물속에 가라앉아 나오고 싶지 않는 섬, 화자가 견디어내려는 내적 외로움을 토로하고 있다.

169

## 5. 농막지기 시인 : 속정 깊은 그리움쟁이

  장대규 시인은 비로소 『시가 있는 농막(農幕)』을 소박한 자연의 사물들로 '농막의 지경'을 다지고, 가족이라는 그리움의 원천으로 '농막의 기초'를 구축했으며, 기다림과 그리움의 버팀목이라는 '농막의 기둥과 들보'로 농막을 완성하고 농막의 주인공인 「섬」이 되었다. 이제 그 섬에 산다는 것이 무엇을 의미하는지 정의하려는 것이 아니라 장대규 시인의 시편을 통해 들여다본 장대규 시인만의 사유를 자연을 바라보는 마음으로 그대로 해설하려던 처음 생각대로 장대규의 시의 해설을 마무리하고자 한다.
   건축을 전공하고 건축업계에서 세상 속에 살다가 시인이 되어 "벽두의 산간 오지"에 『시가 있는 농막(農幕)』을 짓고 '시를 짓는 농막지기'로 산다는 것은 순전히 개인적인 선택의 길이므로 당사자 외에 누가 평가한다는 것은 적절치 않으며, 그 평가의 척도 또한 단정할 수 없으며 의미를 부여할 수 없다.

>  앞에 써서 놀라고
>  뒤에 부쳐 물음으로
>  우야꼬,
>  우야꼬,
>  내삐도라 카면서도

맘 쓰임을
우야꼬,
그런 것도 아닌 것도
흘러가는 물인데
정이 많아
샘이 많아
괜히 마음 쓰여
앞에 서서 당겨주고
뒤에 서면 밀어주고
굴러 굴러 한 생을
우야꼬
우야꼬

*우야꼬 : 경상도 방언. '어떻게 할까', '어쩔까' 등등의
 여러 의미로 쓰임.
*내삐도라 : 경상도 방언. '내버려두어라' 라는 뜻

- 「우야꼬」 전문

 위 시 「우야꼬」는 장대규 시인의 이번 시집의 표제와 같다. 그가 왜 이번 시집 제목을 『우야꼬』로 정했는지, 그가 의미를 둔 시들을 살펴보며 그 마음의 한자락이나마 공감하며 어루만지는 기쁨을 누릴 수 있었다. '우야꼬'는 경상도 방언으로 '어떻게 할까', '어쩔까' 등의 의미로 쓰이는 안타까운 상황에 직면했을 때 불쑥 튀어나오는 정겨운 말이다. 화자는

'우야꼬'의 쓰임새에 대해 "앞에 써서 놀라고/ 뒤에 부쳐 물음으로' 사용한다고 친절하게 알려주며 시는 출발한다. 이 안타까운 표현이 장대규 시인의 모든 시에 생략되었지만 그 의미가 내재 되어 있음을 느낄 수 있다.

『시가 있는 농막(農幕)』을 짓고 '시를 짓는 농막지기'로 살며, 장대규 시인은 스스로에게, 사랑하는 가족에게, 벗에게, 시에게 "내삐도라 카면서도/ 맘 쓰임을/ 우야꼬,"라고 말하고 있다고 많은 시편에서 느껴지는 바, 이는 시인의 타고난 천성에서 나오는 '속 깊은 정'을 유전 받아 직언하지 못하는 성품에서 기인한 것으로 느껴진다. 그 점은 다음 행간의 표현처럼 사람의 생의 길에서 모두에게 똑같이 적용되는 정답이 없기에 "그런 것도 아닌 것도/ 흘러가는 물인데" 어찌하면 좋을지 모든 상황 앞에, 모든 결정 앞에서, "정이 많아/ 샘이 많아" 자신의 마음을 표현함에 있어 온전히 표현하지 못하였음을 고백하고 있음을 가늠할 수 있다.

시의 종반으로 가며 "앞에 서서 당겨주고/ 뒤에 서면 밀어주고/ 굴러 굴러 한 생을"이란 표현은 상대가 있어야 행할 수 있는 희망을 표현한 것으로 혼자서는 할 수 없는 일임을 강조한다. 따라서 섬이 되어 고독과 벗하며 시를 지으며 "농막지기"로 살아가는 것마저도 함께할 존재가 없이는 "우야꼬,/우야꼬"라는 안타까운 말을 본능적 신음처럼 말하고 있는 듯하다. "우야꼬"라는 시인의 마음속의 말이 모든 시편에서 때로는 외로움으로, 고독으로, 울음으로, 때로는 눈물로, 기다림으로, 그리움으로 신음처럼 내재된 채 생략되었음을 가늠할 수 있다.

장대규 시인의 시집『어물다』에 어머니에 대한 그리움을 죄다 쏟아버린 줄 알았는데 이번 시집『우야꼬』에서도 어머니를 잊지 못하는 소년기의 마음을 그대로 간직하고 있음을 느끼게 한다. 소년기의 순수한 마음이 그대로 오늘에 이르고 있는 것 같다.「오천띠기 울엄마」에서는 여전히 '엄마'라는 말이 어색하지 않는 소년으로 엄마를 그리워하고 있음을 볼 수 있다. 엄마를 떠나보낸 지 많은 세월이 흘렀건만「엄마의 고무신」을 읽으면, 엄마가 머리맡에 남기고 가신 "한 켤레 나란히/ 하얀 코 반질반질/ 아끼시던 고무신"을 잊지 못한다. 「함박꽃」에서는 "정자 터 앞 함박꽃나무"를 보고, "엄마가 좋아해서 엄마 닮은 꽃들이/ 연지 곤지 화장인 듯 한창으로 피었는데/ 꽃 닮은 울 엄마는/ 어데 가고 안 보이노"하고 엄마가 보고 싶어 울먹인다.

소년의 마음을 지닌 순수한 시인 장대규에게 귀엽고 눈에 넣어도 아프지 않은 존재들이 있다. 한밤중에 전화해 "아빠, 뭐해?/ 늦게 애?" "흐흐, 그냥/ 싸식 잘 자"라고 싱거운 듯한 통화 속에 엔돌핀이 솟아나게 하는 사랑하는「딸」이 있다. 그리고 딸과 사위가 안겨준 보배로운 손주들에게서 "엄마를 닮고 아빠를 닮고/ 얼핏 설핏 내 모습도 섞여" 있다는 구실

삼아 그들이 예뻐 미움 없는 마음으로 가슴에 다고 사는 「다연이 다훈이 해온이」가 있다. 장대규 시인은 시인이기 전 "직장 따라 서방 따라/ 물도 건넌 먼 곳으로 거처 옮긴 큰딸이/ 이사할 때 두고 간/ 천리향 한 포기"를 애지중지 길러 꽃봉오리가 울음을 터뜨릴 때 "딸인 듯 반가움에 내 눈이 흐려지는" 딸바보이다.

장대규 시인은 이름도 예쁜 "별빛로"에 산다. 별이 쏟아지는 별빛로에서 별을 바라보며 별처럼 살기에 「별」처럼 아름답게 빛나는 시를 이 시집에 실었다. 「별」의 행간엔 "너를 알고부터 나는/ 무덤 하나를/ 준비/ 했다."며 "내가 네 맘으로 들어가지 못하면/ 나는/ 별을 안고/ 내가 판 무덤으로/ 들어가려/ 했다."고 고백하는 이 시는 『우야꼬』 시집 속 어느 시보다 눈물겨운 아름다움으로 반짝인다.

장대규 시인, 그는 시에서, 실재하는 농막지기의 삶에서 무수한 밤을 홀로 지내며 "별이 없는 밤은 외로움으로/ 별이 많은 밤은 그리움으로" 지냈음을 많은 시편의 행간에서 공감할 수 있었다. 장대규 시인이 그리워하고 기다리는 그 사랑이 『시가 있는 농막(農幕)』이 있는 같은 하늘 아래서 사랑하는 이와 함께 그 별빛을 우러를 날이 오기를 기대해 본다.♣